KB161074

사람만 남았다

사람만 남았다

때로는 바보 같은 믿음으로
사람과 사람을 연결해온 우리들제약 한의상 회장의 기적 같은 이야기

한의상 지음

한스미디어

5000장의 명함, 5명의 사람

사업을 하다 보니 1년에 제가 받는 명함은 어림잡아 1000장이 넘습니다.

새로운 사람을 만나거나 소개받을 때마다 명함을 주고받는데, 그런 사람이 하루 평균 3명 정도라는 얘기입니다. 기업체가 주관한 특강을 가거나 기관이 주최한 회의에 참석하는 날에는 한두 시간 만에 수십 장에서 수백 장 이상의 명함을 주고받기도 하니 더 많을 수도 있겠죠. 아무튼 그렇게 1년에 1000장이 넘는 명함들을 주고받고 사람들과 안면을 트며 친분을 맺고 살아갑니다.

3년으로 치면 3000명, 5년으로 치면 5000명이 넘는 엄청난 숫자입니다. 그런데 5년이 지났을 때 그 5000명 중 저와 서로 좋은 관계를 맺고 제대로 인연을 이어나가는 사람은 몇 명이나 될까요? 아무리 많이 잡아도 5명이 채 안 될 겁니다.

야구에서 10번 타석에 나가 한 번 안타를 치면 '1할', 100번 나가 한 번을 치면 '1푼', 1000번 나가 한 번을 치면 '1리'라고 하죠. 1할 타자만 돼도 프로야구 선수로서 진로를 진중히 고민해야 할 텐데, 1리 타자라면 프로야구 선수라고 하는 게 부끄러울 지경일 것입니다. 그런데 제가 바로 그 1리 타자입니다. 5000명과 명함을 주고받았음에도 채 5명의 사람도 남기지 못했으니 말입니다.

이렇게 말하면 사람 관계라는 것이 들이는 공에 비해 남는 게 거의 없는 '하지 말아야 할 장사'인 듯싶습니다. 아마 이 책을 읽고 계신 독자 여러분 대부분도 같은 생각일 겁니다.

'사람… 참 어렵지.'

'내 사람 만들기 참 힘들지….'

그런데 말입니다. 꼭 그렇지만도 않은 듯합니다. 저에게는 5월 8일 어버이날이면 감사 카드와 꽃, 케이크 등을 보내드리는 어버이가 스물여섯 분이나 계십니다. 이분들은 저와 피 한 방울 섞이지 않은 전혀 남남인 분들입니다. 그중에는 심지어 저보다 어린 분들도 계십니다.

어떻게 이런 일들이 가능한 것일까요?

수천 명의 사람을 만나도 그중에 채 5명도 '내 사람'으로 만들기 힘든 세상에 저는 어떻게 수많은 사람을 남길 수 있었을까요? 그리고 어떻게 그들과 함께 수많은 사업을 이룩하며 꿈꾸던 일들을 해 올 수 있었을까요?

이 책에는 그와 관련한 비결 아닌 비결이 들어 있습니다.

'비결 아닌 비결'이라고 하는 이유는 지금부터 들려드리는 이야 기가 너무나 익숙한, 그리고 많은 이가 이미 알고 있는 상식과도 같 은 이야기들이 상당수라서 그렇습니다. 그럼에도 '비결'이라 하는 이유는 여전히 많은 이가 그 안에 담긴 본질을 깨닫지 못하고 겉만 보고 따라 하거나, 아예 따라서 실천할 생각조차 하지 못하고 있기 때문입니다.

한때 종로3가에서 곰 인형 좌판을 했던 적이 있습니다. 당시의 저 같은 좌판 상인들이 가장 두려워한 것은 날씨나 매출, 손님의 많 고 적음이 아니라 바로 구청이나 경찰의 단속이었습니다. 단속이 한 번 떴다 하면 상인들은 혼비백산해 도망치거나 그 자리에 주저 앉아 세상이 망하기라도 한 듯 통곡하는 것이 일상이었습니다.

하지만 저는 좀 달랐습니다. 오히려 속으로 조용히 쾌재를 불렀 습니다. 왜냐하면 저에게는 둘도 없는 기회라는 생각이 들었기 때 문입니다. 혹여나 단속 때문에 유치장에 끌려가게 되면 그곳에서 종로 일대 유흥가, 극장 주변, 골목 구석구석에서 온갖 노점상을 하 던 이들을 만날 수 있었습니다. 그들 중에는 지역 상권에서 유명한 베테랑 노점상들도 제법 있었습니다. 평상시라면 장사하느라, 혹은 경쟁 상인이라 여겨 말 한 번 걸기도 힘들 터였지만, 함께 유치장에 앉아 있다 보면 동병상련의 기분이 느껴져서일까요? 손쉽게 대화가 이뤄졌고, 노점에서의 판매 노하우 등도 술술 흘러나왔습니다. 조금 생각을 바꾸니, 유치장 안에서의 며칠이 저에게는 참 유용한 것들을 배울 수 있는 기회가 되었습니다.

특히 기억이 나는 것은 저보다 두 살 어린 액세서리 노점상이었는데, 판매 수완이 좋기로 일대에서 아주 유명했던 인물이었습니다. 저는 나이는 저보다 어리지만 액세서리 노점상을 무조건 형님으로 대하며 노점 운영 기법과 판매 기술 등을 전수받았습니다. 결국 그 만남 역시 이후의 제 삶에서 성공의 싹을 틔워준 귀한 자양분이 되었음은 두말할 필요가 없지요.

많은 분이 저에게 '사업 성과', '조직 관리', '인사이트', '성공적인 삶' 등의 비결 또는 원동력에 대해 묻습니다. 저는 그에 대한 답으로 늘 '사람'에 관한 이야기를 합니다. 그러면 일부는 고개를 끄덕이며 수긍하지만, 일부는 고개를 갸웃거리며 뜬구름 잡는 식의 이야기 말고 '보다 확실한 성공 비결'을 말해달라고 합니다.

그러나 그때나 지금이나 언제나 저의 답은 변함이 없습니다.

결국은 사람입니다. 세상의 변화 속에서도, 숱한 성공과 실패의 부침 속에서도 결국 사람만 남습니다.

많은 이들이 성공한 사업가는 일을 통해 사람을 바라본다고 생각합니다. 그런데 절대로 그렇지 않습니다. 사업으로 성공한 이들일수록, 돈을 많이 번 이들일수록, 큰 권력을 손에 쥔 이들일수록 사람을 통해 사업을 바라보고, 사람을 통해 돈을 바라보며, 사람을 먼저 살펴 권력을 얻습니다.

　그 때문에 저는 지금부터 가장 기본적이고 단순하지만 수많은 사람들이 알고서도 실천하지 못했던, 사람을 통해 세상을 바라보는 방법, 그리고 사람을 통해 사업을 추구하는 방법에 대해 이야기하고자 합니다.

2020년 여름,

감사와 배려의 기쁨이 충만한

행복한 거처에서

한의상

사람만 남았다

제5부

달콤한 인생, 아름다운 미래에도, 사람만 남는다

Epilogue

제1부

가진 것 하나 없던
가난의 기억 속에도
사람만 남았다

I had the blues because I had no shoes
until upon the street,
I met a man who had no feet.

나는 신발이 없음을 한탄했는데,

길에서 발이 없는 사람을 만났다.

– 데일 카네기(1888~1955)

01

끝내 먹지 못한
삼계탕 한 그릇

돌이켜보면 제 인생에 빛나는 시기만 있었던 것은 아닙니다. 인생의 초반부인 젊은 시절은 빛은커녕 칙칙한 어둠과 암울한 불운으로 가득했던 삶이라고 해도 과언이 아닙니다.

스무 살 무렵의 일입니다. 그 당시 저는 직업학교를 마치고 마산에 내려가 한 조선소에서 용접 일을 하고 있었습니다. 병약하신 부모님과 누이, 어린 동생 2명이 바글거리던 집에서 제대로 돈을 벌수 있는 사람은 저 하나밖에 없었습니다. 돈이 되는 일이라면 뭐든지 해야 하는 상황이었습니다.

그렇게 한 4년쯤 일했을 무렵, 일을 할 때면 항상 머리가 아프고 기침이 심하게 났습니다. 몸무게가 갑자기 빠지기 시작해 몸에는 힘이 하나도 없어 걸어 다니기조차 힘겨울 정도였습니다. 당장이라도 일을 그만두고 병원에 가보고 싶었지만, 그럴 수 없었습니다. 부모님과 동생들의 생계를 책임져야 했으니까요. 별수 없이 날이 밝으면 다시 조선소에 나가 용접봉을 들고 아르곤 가스를 마셔야 했습니다.

그렇게 아픈 몸으로 일하던 시절의 어느 생일날이었습니다. 퇴근을 하고 터덜터덜 걸음을 옮겨 자취방으로 향하는데 어디선가 구수한 내음이 코끝을 스쳐 지나갔습니다. 익숙한 냄새⋯ 바로 삼계탕 끓이는 냄새였습니다. 고개를 들어 간판을 보니 전기구이 통닭과 삼계탕을 함께 파는 영양센터가 눈에 띄었습니다. 가게 안에서는 가족, 직장 동료로 보이는 이들끼리 통닭을 시켜놓고 맥주를 들이켜고 있었습니다. 부끄러운 줄도 모르고 가게 앞에 서서 유리창 건너편 오븐에서 뱅글뱅글 돌아가는 통닭을 물끄러미 쳐다봤습니다. 삼계탕 냄새는 좋지 않은 몸 상태도 잊게 했습니다.

"아⋯ 먹고 싶다."

속으로 생각한다는 것이 그만 입 밖으로 나오고 말았습니다. 그만큼 먹고 싶었습니다. 지금의 제 덩치를 보면 상상조차 할 수 없겠지만, 당시 제 몸무게는 채 55킬로그램도 나가지 않아 뼈밖에 없는 앙상한 몸이었습니다. 김이 모락모락 나는 저 삼계탕 한 그릇만 먹으면 몸에 절로 살이 붙고 속 안의 병이 다 나을 것만 같았습니다.

'사 먹을까? 아니야, 그럴 돈이 있으면 집에 조금이라도 더 보내

줘야지.'

'아니야, 내가 아프지 않고 건강하게 살아남아야 돈을 더 벌 수 있을 거 아냐. 일단 먹자.'

그렇게 제 안에서 두 사람의 '한의상'이 말싸움을 벌였습니다. 누가 이겼을까요? 결국 영양센터 문 앞에서 혼자 10여 분간을 망설이다 그냥 집으로 갔습니다. 냉수 몇 사발만 들이켠 뒤 잠을 청했죠. 그런 날들이 비일비재했습니다. 그렇게 젊은 시절은 질병과 가난, 그리고 그것들이 가져온 고통으로 가득했습니다.

하지만 저는 감사했습니다. 무조건 감사하기로 마음먹었습니다. 제게 주어진 상황을 저주하거나 불평하며 피하려 하기보다는 그대로 받아들이고 감사하는 마음을 가지려 노력했습니다. 감사할 일이 없으면 만들어서라도 감사했습니다. 월급이 몇 푼 안 돼도 그 정도 돈이라도 벌 수 있는 육신이 있음에 감사했고, 월급을 봉투째 가족들에게 부쳐줘야 할 때도 '내가 번 월급을 절실히 필요로 하는 가족이 내게 있음'에 감사했습니다.

훗날 사업을 일으켜 잘 되었을 때도 마찬가지였습니다. 누군가 나를 속였을 때도, 가깝다고 생각했던 후배나 직원이 다른 꿍꿍이가 있다는 걸 알게 됐을 때도 감사했습니다. 정말 신뢰할 만한 사람이 누구인지 알아보는 눈을 갖게 해주었기 때문입니다. 사람에 대한 안목을 키우는 기회였다고 생각하면 그게 감사할 일이었습니다.

저에게 감사한 일만 가득하니, 그냥 가만히 있을 수 없었습니다. 틈이 나는 대로 나누고 베풀었습니다. 주변에 어려움을 겪는 이들이 보이면 두말 않고 팔을 걷어붙이고 나섰습니다. 돈이 궁한 이가 있으면 지갑을 털어 그를 도왔습니다. 제 도움이 필요하다는 사람이 있으면 낮이건 밤이건 가리지 않고 찾아갔습니다.

신기하게도 매사에 감사하는 마음을 가지면 가질수록 감사할 일들이 더 많이 생겨났습니다. 나누면 나눌수록 더 나눠줄 것들이 생겨났습니다. 분명히 제가 먼저 '감사합니다', '고마워요'라고 인사를 했는데, 그보다 더 많은 사람들로부터 '감사합니다', '고맙습니다'라는 인사를 받게 됐습니다. 어느새 저와 인연을 맺은 이들이 저를 돕기 위해 팔을 걷어붙이고 나서는 것을 볼 수 있었고, 제 자산은 제가 베푼 것보다 훨씬 더 많이 늘어나 있었습니다. 모든 것은 감사와 배려의 기적이라고 믿습니다.

최근에는 이런 일도 있었습니다. 지난해 여름에 상장회사 한 곳을 인수할 때의 일입니다. 그 회사를 인수하게 된 계기를 만들어준 사람이 있습니다. 그는 이름만 대면 알 만한 국내 굴지의 재벌기업 후계자였습니다. 그러나 창업주였던 아버지와 경영 방침상 갈등을 겪다가 후계자 자리에서 물러나게 되었고, 회사에서 나와 개인적으로 사업을 시작했지만 일이 잘 풀리지 않아 경제적으로도 곤란을 겪고 있었습니다. 저 역시 그와 일을 도모하다가 조금 어려움을 겪기도 했습니다.

그런데 가만히 살펴보니 이전에는 그에게 그렇게 살갑게 대하던 이들이 등을 돌리거나 주위에서 떠나가는 것이었습니다. 저는 조용히 그의 곁을 지켰습니다. 도움이 필요하면 최선을 다해 도왔습니다. 그가 고마워하면 제가 보다 더 많이 고마움을 표현했고, 그가 감사하다고 하면 제가 더 감사하다고 이야기했습니다.

그렇게 인연을 이어가던 중에 그가 저에게 흥미로운 이야기를 하나 했습니다. 말라리아 진단키트를 연구개발(R&D)·생산해 아프리카를 포함한 전 세계에 판매하는 회사가 있는데, 기술력도 좋고 사업 전망도 좋다며 투자를 고려해보는 것이 어떻겠냐는 것이었습니다. 특히 그 회사는 면역화학, 면역분석, 임상화학, 분자진단 등을 활용해 인체의 건강 상태를 진단하는 체외진단(In Vitro Diagnostics) 기술과 관련해 탁월한 역량을 보유한 회사였는데, 미래 전망이 무척이나 밝다는 이야기였습니다. "호부(虎父) 밑에 견자(犬子) 없고, 용장(勇將) 밑에 약졸(弱卒) 없다"고, 역시 한평생 기업을 크게 일궈온 아버지 곁에서 깊은 경영 인사이트를 배워온 이라는 생각이 들었습니다. 저 또한 사업적 안목이 높은 그의 곁에서 많은 것들을 배울 수 있었죠.

그의 제안과 도움으로 탁월한 기술력을 보유한 질병진단 전문 기업 엑세스바이오를 인수할 수 있었습니다. 인수하고 보니 엑세스바이오는 제가 생각했던 것보다 훨씬 더 큰 잠재력을 보유한 기업이었습니다. 탁월한 체외진단 기술을 토대로 한 말라리아 진단 제품은 매출액 기준 부동의 세계 1위를 차지하고 있었고, 댕기열과 쯔쯔가무시 감염 여부를 신속하고 정확하게 진단할 수 있는 제품 역시 탁월한 경쟁력을 가지고 있었습니다. 인플루엔자, 세균성 목감기, 호흡기 융합 세포 바이러스 등 계절마다 창궐하는 질병을 진단할 수 있고, 우리에게는 '에이즈(AIDS)'라고만 알려져 있는 인간 면역결핍증과 장내 로타바이러스·매독 등 오랫동안 인간을 괴롭혀온 질병들의 감염 유무를 진단할 수 있는 제품 역시 보유하고 있었습니다. 제대로 투자해서 잘만 성장시키면 엑세스바이오의 성장 가능성은 무궁무진해 보였습니다. 게다가 몇 달 지나지 않아 우리나라는 물론 전 세계적으로 코로나19 바이러스가 창궐하는 사태가 벌어지면서 이 회사는 하루가 다르게 성장하고 있습니다.

참 시의적절하게 저에게 좋은 기회가 찾아온 것입니다. 하지만 저는 까닭 없이 찾아온 운은 아니라고 생각합니다.

'한 사람이 곧 세상의 전부다.'

이 같은 저의 믿음이 빛을 발했던 경우라고 믿고 있습니다.

그동안 제 곁의 한 사람 한 사람을 제 목숨과도 같이 여겨왔습니다. 그리고 그들에 대한 감사와 베풂의 과정에서 기적과도 같은 일들이 일어난다고 생각하며 살아왔고, 지금도 그렇게 살아가고 있습니다.

이제 그 감사와 배려, 사람과 사람의 사이에서만 벌어질 수 있는 기적과도 같은 순간들을 더 많은 분들이 경험했으면 합니다. 제가 곁을 지켰던 사람들, 그리고 제 곁을 지켜줬던 사람들, 그들과 함께 나눴던 감사와 배려의 가치…. 그에 대한 소소하지만 진솔한 이야기들을 여러분께 들려드릴까 합니다.

02

모욕과 비난을 기꺼이
받아들여야 하는 때도 있습니다

"안 됩니다. 회장님."

"안 됩니다. 그것만은 절대로 안 됩니다."

"사업을 하다 보면 이런 위기쯤은 여러 번 있는 것 아닙니까?"

"그 책임을 왜 회장님이 다 지려 하십니까? 안 됩니다."

오래전, 중요한 의사결정을 앞두고 마지막으로 소집한 중역 회의에서였습니다. 드라마나 영화 속에서나 볼 법한 장면이 제 눈앞에서 펼쳐졌습니다. 짧게는 몇 년, 길게는 수십 년 동안 함께 일하던 임원들이 저를 만류하고 나선 것이었습니다. 제가 의사결정을 내린 뒤 자리를 박차고 일어날까 봐 아예 제 소맷자락과 바지춤을 붙잡아 쥐고 놓지 않는 이들도 있었습니다.

이날 저는 임원들 앞에서 우리에게 닥친 크나큰 사업적 문제를 해결하기 위해 "제가 모든 것을 다 안고 마무리하겠다"라고 선언했습니다. 법적인 문제부터 경제적인 문제까지 모두 말입니다. 저는 가볍게 숨을 내쉬고는 찬찬히 설득하기 시작했습니다.

"압니다. 사업을 하다 보면 여러 가지 어려운 상황도 있고, 위기도 있습니다."

"그중에는 저절로 해결되는 일도 있고, 조금은 어렵지만 어떻게든 풀어나갈 수 있는 일도 있어요."

"근데 이번 일만큼은 제가 모든 걸 책임지고 끝맺음을 하지 않으면 어려울 것 같습니다."

"부디 제 말대로 합시다."

그 말을 끝으로 문을 열고 밖으로 나왔습니다. 책임감의 무게가 어깨와 뒷목에 묵직하게 전해졌습니다. 부담감과 동시에 알 수 없는 든든함이 느껴졌죠. 묘한 감정에 가슴이 벅차올랐습니다. 큰 유리창으로 쏟아지는 햇빛이 눈부신 가운데, 약 50년 전 4월의 일이 떠올랐습니다.

1960년대 말 무렵, 저희 집은 너무도 가난했습니다. 우리 집뿐만 아니라, 나라 전체가 너나없이 잘살지 못하던 시절입니다. 잘살지 못하니 잘 못 먹는 것이 당연했고, 늘 배를 곯아야 했죠. 어른들은 몰라도 어린아이들까지 배고픔을 참으라고 할 수는 없는 노릇이었습니다. 성장기 어린이들의 영양 상태는 곧 나라의 국력에까지 영향을 미치니 당시 학교에서는 등교를 하면 빵 두 덩이를 학생들에게 간식으로 나눠줬습니다.

그런데 요즘 프랜차이즈 빵집에서 파는 빵이나 케이크처럼 우유와 버터를 듬뿍 넣어 입에 넣으면 살살 녹는 그런 빵이라 생각하면 오산입니다. 미국에서 원조로 들여온 '겨우 먹을 수는 있는' 정도의 옥수숫가루에 사카린과 이스트를 넣어 찜통에 쪄낸 빵과 떡, 그 중간 어디쯤에 있는 것이었습니다. 아마도 지금 이 책을 읽으시는 여러분께 드셔보라 하면 혓바닥이 까끌까끌해 채 한입도 넘기지 못하고 뱉을 그런 맛이었죠. 그러나 먹을 게 귀했던 그때는 그조차도 구하기 어려운 식량이었습니다.

그 빵은 저에게는 더 남달랐습니다. 집에 있는 다섯 살과 두 살배기 두 동생은 제가 등교를 할 때면 항상 문 앞에까지 나와 배웅을 했습니다. 그러고는 문기둥에 기대서 제가 돌아오기만을 하염없이 기다리곤 했죠. 아니, 좀 더 정확히 말하자면 학교를 마치고 돌아오는 제 손에 쥐어 있을 '빵 두 덩이'를 눈이 빠지게 기다렸던 것이었습니다. 팍팍한 살림에 먹는 것은 늘 부실했고, 밥 한 그릇을 다 비우고도 돌아서면 금세 또 배가 고픈 성장기 어린이였기에 제가 가져다주는 빵은 동생들에게 세상 그 무엇과도 바꾸기 힘든 귀한 간식이었습니다.

저 역시 한창 클 나이였는데 그 빵이 안 먹고 싶었겠습니까? 선생님께서 나눠주자마자 자기 입에 털어 넣기 바빴던 다른 친구들처럼 그 빵을 한입 먹어보고 싶은 마음이 간절했습니다. 그러나 동생들의 눈망울과 그 올망졸망한 입들이 떠올라 차마 그럴 수가 없었습니다. 매일 학교를 마치면 저는 빵 두 덩이를 마치 무슨 금괴를 운반하듯 소중히 챙겨 한달음에 집으로 돌아왔습니다.

그런데 초등학교 1학년생, 제 나이 여덟 살 무렵 4월의 어느 날 문제가 터졌습니다. 제 부모님은 어떻게든 자식을 조금이라도 더 가르치기 위해 노력을 하셨지만, 가난한 형편 탓에 '월사금(육성회비)'을 마련하지 못할 때가 종종 있었습니다. 사실 초등학교는 지금이나 그때나 의무교육이기에 학비를 낼 필요가 없었지만, 부족한 교육재정을 충당한다는 명목으로 매달 육성회비를 걷었습니다. 그 돈이 월사금이었습니다. 당시 육성회비는 생활수준에 따라 금액이 달랐습니다. 가정환경조사서에 영세민으로 기록되면 150원, 재봉틀 같은 가재도구라도 좀 갖추고 살면 300원, 전축 같은 그럴듯한 세간이 있으면 450원, 그리고 텔레비전 같은 고급 가전을 보유하고 있으면 600원을 내는 식이었습니다. 저희 집이야 가장 낮은 수준의 150원을 내면 되었지만, 그마저도 날짜에 맞춰 마련하기가 쉽지 않았습니다.

지금이라면 상상도 못 할 일이지만, 그때만 하더라도 밀린 육성회비를 걷기 위해 선생님들께서는 육성회비를 가져오지 못한 학생들을 불러 일으켜 세워 창피를 주거나, 심한 경우 욕설이나 체벌을 하기도 했습니다. 그런데 젊은 여교사였던 저의 담임선생님께서는 차마 그렇게는 못 하시겠는지, 육성회비를 내지 않은 학생을 불러 일으켜 세우고는 돈을 가져올 때까지 '빵을 나눠주지 않겠다'고 했습니다. 저와 같이 육성회비를 내지 못한 친구 몇몇은 "까짓 거 빵이야 며칠 안 먹으면 그만"이라며 오히려 매를 맞지 않아도 된다며 좋아들 했습니다.

그러나 저는 달랐습니다. 차라리 반 친구들 앞에서 창피를 당하거나 욕을 듣는 게 낫다는 생각을 했습니다. 아니, 몽둥이찜질을 당한다 해도 능히 참을 수 있었습니다. 그런데 '빵 두 덩이' 없이 집으로 돌아갈 수는 없었습니다. 아침부터 몇 시간째 문가에 서서 형, 아니 빵이 오기만을 기다리고 있을 동생들의 얼굴이 떠올라 그대로 빈손으로 갈 수는 없었습니다.

"빵 주세요!"

저를 제외한 다른 친구들에게 빵을 나눠주시던 선생님께 말했습니다. 순간, 교실에 정적이 감돌았습니다. 선생님은 물론이거니와 친구들 역시 깜짝 놀라 물끄러미 저를 쳐다봤죠. 그러나 저는 다시 말했습니다. 아니, 목청이 터지도록 고함을 지르고 있었습니다.

"선생님, 빵 주세요! 네? 빵 주셔야 해요!"

당연한 결과이지만, 빵은 받지 못했습니다. '쟤가 어쩌려고 그러지?' 하는 반 친구들의 의아한 시선과 신경질적인 담임선생님의 날카로운 목소리가 제 눈과 귀에 내리꽂혔습니다. 그러나 이미 저에게 그런 것쯤은 안중에도 없었습니다. 저는 무슨 일이 있어도 집에 갈 때 '빵 두덩이'를 들고 가야만 했으니까요. 순간, 저도 모르게 담임선생님에게 달려들어 악다구니를 쓰고 있었습니다.

"빵 주세요! 저는 빵을 가져가야 해요!"

난리가 났습니다. 소식을 듣고 한달음에 학교로 달려온 아버지께 끌려가 온종일 통나무를 깎아 만든 홍두깨로 흠씬 두들겨 맞아야 했죠.

가끔 이 얘기를 하면 혹시 스승도 못 알아보는 문제아였는가 싶어 저를 유심히 살피는 이들이 있는데, 전혀 아니었습니다. 가난한 집안 형편 탓에 평온하게 공부에만 매진하는 모범생 축에는 끼지 못했지만, 적어도 사제 간의 예의를 쉽게 저버릴 그런 학생은 아니었습니다. 다만 오로지 동생들에게 빵을 먹여야 한다는 생각, 기다리는 동생들에게 빵을 가져다주어야 한다는 책임감이 잠시 제 이성을 마비시켰을 뿐입니다.

책임감.

이 세 글자는 이후 제 인생을 관통하는 중요한 단어가 되었습니다. 우리가 흔하게 쓰는 책임(責任)이라는 단어는 '꾸짖을 책(責)'자와 '맡길 임(任)'자로 이뤄져 있습니다. 그중 '책(責)'자는 옛사람들이 돈을 의미하는 '조개 패(貝)'자 위에 가시나무 채찍을 뜻하는 부분을 더해 만들었다고 합니다. '빌려준 돈을 제때에 갚지 않아 가시나무 채찍으로 때리면서 재촉하다'라는 뜻으로 쓰이다가 '빌려준 돈'의 의미가 약해지고 '시킨 일', '해야 할 일'의 의미가 더해져 현재의 뜻으로 쓰이게 되었다고 합니다. 또 다른 글자인 '임(任)'자는 날실이 준비된 베틀의 모양을 뜻하는 '임(壬)'자에 '사람(人)'이 더해져 '맡은 바 해야 할 일'을 뜻하는 단어로 쓰이게 되었습니다. 두 글자 모두 쉽게 거부하거나 회피하기 어려운 무서운 뜻을 담고 있지요.

1960년대 말의 '그날' 이후로도 한참 동안 가난과 불운은 저와 가족의 주변을 맴돌았습니다. 감사할 것도, 고마워할 것도 없는 그런 삶이 계속되었지요. 그러나 분명하게 달라진 것이 하나 있었습니다. 바로 그 '책임감'이 제 스스로를 무섭게 옭아매는 멍에이자, 저를 바로 세워주는 버팀목이 되어주었다는 것이죠. 가족을 책임져야 한다는, 저를 따라주는 직원들을 책임져야 한다는, 저를 믿고 투자해준 투자자들을 책임져야 한다는, 그리고 그 누구보다 '한의상'이라는 사람, 저 스스로를 책임져야 한다는 그 생각이 어떠한 순간에도 흔들림 없이 저를 지탱해주었습니다.

이후 저는 어느 순간에도 그 '책임감'을 회피하거나 모른 체하지 않았습니다. 아니, 오히려 저는 책임져야 하는 그 상황을 숙명으로 받아들이거나, 심지어 즐기려고 노력했습니다. 그때 중역 회의에서 '내가 모든 것을 책임지겠다'고 한 의사결정 역시 한동안 저를 무척이나 힘들게 만들었습니다. 그러나 그날 제가 모든 책임을 지겠다고 나선 덕분에 저를 제외한 다른 구성원들과 회사는 큰 피해 없이 문제를 헤쳐나갈 수 있었고, 오히려 이전보다 더 승승장구할 수 있었습니다.

가끔 본인에게 주어진 책임감의 무게가 너무 힘겹다고 토로해오는 이들이 있습니다. 이해합니다. 저 역시도 가끔, 아주 가끔은 그랬으니까요…. 게다가 불운과 불행이 겹치기라도 하면 훌훌 벗어던져 버리고 어딘가로 도망쳐 버리고 싶다는 생각이 들 때도 있을 것입니다.

그러나 조금 다르게 생각해보면 어떨까요?

살아보니, 세상은 절대로 그냥 책임을 묻지는 않더군요. 또 절대로 아무에게나 책임감을 느끼도록 하지도 않았습니다. 반드시 그 책임을 짊어질 만한 자격과 가치가 있는 사람에게만 그에 대한 의무를 묻습니다.

누군가 당신에게 책임을 물어오거나 스스로 어떠한 일에 책임감을 느끼기 시작했다면, 당신이 그것을 감당할 만한 능력과 가능성을 갖추었다고 봐도 좋습니다. 그러니 불평하기에 앞서 눈 딱 감고 일단은 감사하는 마음을 가져봅시다. 그리고 감당합시다. 책임을 질 수 있는 기회가 주어졌음을, 그 책임을 지기 위해 내가 갖고 있는 재능을 맘껏 펼쳐 보일 수 있게 됨을 감사하며 기꺼이 받아들여 봅시다. 이미 남다른 가치와 능력이 있는 사람임을 인정받았다는 징표이니까요. 분명히 이제까지와는 또 다른 새로운 세상이 열릴 것입니다.

03

소풍날 100% 성공하는
보물찾기 비법

사람들에게 초등학교 시절 '무엇을 잘했냐'고 물어보면 흔히들 이렇게 답할 것입니다.

"산수요!" "국어요!" "음악이요!"

혹은 이러한 답이 나올 수도 있습니다.

"축구요!" "전자오락이요!" "웅변이요!" "반 여자 애들 괴롭히기요."

그러나 누군가 저에게 물었다면 저는 이렇게 답했을 것 같습니다.

"보물찾기요."

웬 엉뚱한 대답이냐 싶겠지만, 실제로 그랬습니다. 지금이야 많이 사라졌지만, 저희 세대들이 초등학교(당시에는 '국민학교')를 다니던 시절만 하더라도 봄철 소풍을 갔다 하면 반드시 하는 두 가지 레퍼토리가 있었는데, 바로 '장기자랑'과 '보물찾기'였습니다.

소소한 학용품 하나조차 귀했던 시기. 소풍 때마다 학교 선생님들은 이런저런 학용품을 상품으로 내걸고 개인별 혹은 반 대항으로 특기를 뽐내는 장기자랑이나, 상품 이름이 적힌 쪽지를 야외 이곳저곳에 감춰두고 그를 찾아내는 학생들에게 적혀진 선물을 주는 보물찾기를 진행하곤 하셨죠.

바로 그 보물찾기가 제가 초등학교 시절 가장 잘했던 것이었습니다. 그런데 어쩌다 요행히 한두 번 쪽지를 찾아내 상품을 탄 것이었다면 굳이 이렇게까지 얘기하지 않았을 겁니다. 저는 정말로 보물찾기를 잘했습니다. 초등학교 시절 내내 소풍날 단 한 번도 맨손으로 집에 온 적이 없었을 정도였죠. 동생들이 보면 좋아할, 그리고 부모님이 보시면 기특해할 각종 학용품과 장난감 등을 양손 가득 들고 오는 것이 소풍날의 제 일상이었습니다. 비슷한 시기 다녔던 교회 주일학교 소풍 때도 마찬가지였습니다. 제 보물찾기 실력은 남달랐습니다.

어떻게 그럴 수 있었을까요? 숨겨진 보물을 찾는 저만의 초능력이 있었던 것일까요? 아니면, 보물찾기를 준비하는 선생님께서 저만 특별히 예뻐하셔서 보물을 숨겨둔 위치를 몰래 알려주시기라도 했던 것일까요? 당연한 얘기지만, 그렇지 않았습니다. 다른 친구들이나 저나 여건은 똑같았습니다. 다들 비슷한 수준의 평범한 지각

능력과 주의력을 지니고 있었고, 선생님들은 어떻게 해서든 기상천외한 곳에다가 보물의 이름이 적힌 교환권을 숨겨두곤 했습니다.

다만 제게는 보물찾기에 나선 다른 친구들과 결정적으로 다른 것이 하나 있었습니다. 친구들에게는 보물이 그저 선생님들이 감춰둔 학용품과 장난감이었다면, 저에게 보물은 오로지 '어머니'였습니다. 그 점이 친구들과 저의 가장 큰 차이였습니다.

어머니!

노년을 바라보는 지금도 이 세 글자만 떠올리면 눈물이 먼저 고이고, 가슴 한편이 아련하게 저려오고는 합니다. 제 기억 속 어머니는 늘 고무신에 새끼줄을 칭칭 동여맨 모습이었습니다. 고무신이 벗겨지지 않도록, 그리고 길 위에서 미끄러지지 않도록 새끼줄을 동여맨 채 어머니는 매일 새벽 청소부였던 아버지의 쓰레기 수레를 뒤에서 밀었습니다. 그리고 집에 돌아와서는 남편과 자식의 밥을 차리고 살림을 하셨죠. 그렇게 어머니는 쇠약한 몸을 타고나 평생토록 자잘한 병들을 달고 사셨지만 제대로 된 치료도 한 번 받지 못한 채, 그 몸을 이끌고 아버지가 끄는 쓰레기 수레를 밀며 가난한 살림살이를 꾸려나가셨습니다.

그런 어머니가 제겐 보석이자 보물이었습니다. 어린 시절부터 그런 어머니를 보살펴야 한다는 생각이 가득했고, 어머니를 기쁘게 해드리기 위해 할 수 있는 한 모든 것을 다 해야겠다고 마음먹었었습니다. 그 생각과 의지가 이후의 저를 이끌어왔다고 해도 과언이 아닙니다.

소풍날 보물찾기 때도 '어머니를 기쁘게 해드리고 싶다'는 생각이 발동되었던 모양입니다. 그 생각이 어찌나 강했던지 저도 모르게 보물찾기에 온 신경이 집중되었던 겁니다.

가만히 살펴보니 보물찾기 준비는 나이가 드신 선생님들보다 젊은 선생님들, 기왕이면 나무도 잘 타고 덤불을 잘 헤치고 들어갈 수 있는 남자 선생님들이 도맡아 하시는 듯했습니다. 저는 그 점에 착안했습니다. 친구들이 소풍 도시락 까먹을 생각에 팔려 있을 때 은근슬쩍 하나둘 사라지는 젊은 남자 선생님들의 뒤를 쫓았습니다. 그렇게 대략 3~4군데 후보 지역을 선정한 뒤 보물찾기가 시작되었다는 호루라기 소리가 들리면 그중 친구들이 가장 몰리지 않는 곳으로 재빠르게 이동했습니다. 그러고는 나뭇가지 위나 바위 밑, 덤불 속에 숨겨진 보물 교환권을 쓸어 담았습니다. 이후에는 친구들이 한 번 훑고 지나간 지역으로 가서 그들이 미처 발견하지 못한 교환권들을 차곡차곡 주워 담았죠.

보물찾기는 제게 단순한 게임이 아니었습니다. '내 주위에 있는 사람'을 보물로 여기고, '그런 그들을 위해 무언가를 해주고, 그들을 기쁘게 해줘야겠다'는 생각을 실현시킬 수 있었던 좋은 기회였죠. 또한 '어떻게 해서든 원하는 것, 해야 할 것들을 찾아내거나 해내고야 말겠다'는 굳은 의지와 실행력을 얻을 수 있는 시간이었습니다. 그리고 그런 것들이 이후의 제 삶에 진정한 보물을 선사할 것임을 그때는 알지 못했습니다.

운동을 마치고 난 다음이나 왠지 몸이 찌뿌둥할 때 흔히들 찜질방이나 사우나에 들르곤 하지요? 저 역시 시간적 여유가 있을 때면 종종 사우나에 들르고는 합니다. 뜨끈한 탕 안에서 몸을 불리는 것도 좋아하고, 시원한 냉탕에 들어가 천장에서 쏟아지는 물줄기를 맞으며 서 있는 것도 좋아합니다. 그래도 역시 사우나의 백미는 뜨거운 한증막에서 땀을 빼는 게 아닐까 합니다.

제가 자주 들르는 사우나도 한증막이 무척이나 잘돼 있는데, 한증막 안에는 모래시계 다섯 개가 놓여 있습니다. 하나에 5분짜리니 순서대로 다 뒤집으면 25분 동안 한증막에 있는 셈입니다. 그 한증막에 앉아 있으면 종종 20~30대 젊은 청년들이 호기롭게 들어와 '5분짜리 모래시계 다섯 개를 모두 뒤집어놓고 나가자'거나 '누가 모래시계 다섯 개를 다 뒤집을 때까지 버티는지' 내기를 하고는 합니다.

처음에 한 개는 쉽게 뒤집습니다. 상당수의 젊은이들이 두 개까지도 제법 버티죠. 그러나 세 개째 뒤집을 때면 이야기가 달라집니다. 온몸이 벌겋게 달아오르고, 얼굴에선 쉴 새 없이 땀이 흘러내려

눈이 따가워 잘 뜨지도 못하는 상태가 되죠. 온몸은 땀으로 흠뻑 젖었지만 정작 입안은 바짝 말라서 제대로 입을 떼지도 못합니다. 그러면 서로 눈치를 보다가 누군가 이야기를 꺼내기 시작합니다.

"야, 사우나를 너무 오래 하면 몸에 좋지 않대."

그 이야기가 나오기 무섭게 '사우나를 오래 하지 말아야 할' 또 다른 이유들이 다른 친구들의 입에서 기다렸다는 듯이 터져 나옵니다.

"사우나로 뺀 땀은 체중 감량에 아무런 도움이 안 된대."

"맞아, 운동이 아니라 사우나로 땀을 빼면 근육에 손상이 온대. 피부도 나빠지고."

이쯤 되면 더는 사우나에 머무를 이유가 없어집니다. 결국 젊은 친구들은 누가 먼저라 할 것도 없이 사우나를 뛰쳐나가고 맙니다. 그런데 저는 모래시계 다섯 개를 다 뒤집을 때까지 있겠다고 마음먹으면 다 뒤집기 전까지 절대 한증막을 빠져나오지 않습니다. 스스로 마음먹은 목표까지 시간을 채우며 자리를 지킵니다.

'사우나에서 오래 참는 게 뭔 자랑이라고…'라며 핀잔을 주실 수도 있지만, 이는 제가 단순히 뜨거운 것을 잘 참는다거나 무딘 감각의 소유자이기 때문은 아닙니다. 사우나 한증막이 아닌 다른 공간, 다른 분야, 다른 영역의 일들을 할 때에도 저는 늘 그랬습니다.

제 필요에 의해 한 번 하기로 했으면 그 일을 대충 흐지부지 하거나 시도해보지도 않고 지레 포기하는 법이 없었습니다. 하기로 했으면 해내야 했고, 해내지 못했으면 그 이유를 냉정하게 판단해서 해낼 때까지 악착같이 물고 매달렸습니다.

앞서 이야기한 젊은이들처럼 대부분의 사람이 처음 시작할 때는 모두 해보자는 의지로 가득해 열정이 넘치는 모습을 보입니다. 그때는 누가 성공하고 누가 실패할지 알 수가 없습니다. 그러나 시간이 흐르고 상황이 변하면 처음에 불타던 의지는 사그라들고, 열정은 사라지기 마련입니다. 그러면 사람들은 '되는 이유', '해야 하는 까닭'을 찾기보다는 '안 되는 이유', '안 해도 되는 까닭'을 찾기 시작하죠. 그래야 '포기에 대한 죄책감'을 마음속에서 조금이라도 덜어낼 수 있으니 말입니다. 간절히 먹고 싶던 포도였으나 아무리 발돋움을 해도 따 먹을 수 없게 되자 "저건 분명히 맛없는 신 포도일 거야"라며 포도 따 먹기를 포기한《이솝우화》속 여우의 이야기가 현실에서 작동하는 순간입니다.

저는 그런 난처한 상황을 피해 갈 만한 여유가 없었습니다. 한 번 포기하고, 두 번 그만두면 다시는 저에게 그와 같은 기회가 없을 것 같다는 생각 때문이었습니다. 쉽게 포기하는 대신, '되어야 한다'가 아니라 '된다'는 생각으로 사소한 일에도 최선을 다해 어떻게든 해결책을 찾아냈고, 방법을 만들어냈습니다.

어린 시절 소풍날의 보물찾기 역시 마찬가지였습니다. 다른 친구들이 '보물을 찾고 싶다'는 막연한 생각을 하며 설렁설렁 움직일 때, 저는 '반드시 보물을 여러 개 찾아서 집에 가져가야 한다'는 분명하고도 절실한 계획과 목표를 가지고 있었습니다. 거기서 다른 친구들과의 첫 번째 성패가 갈렸습니다. 그리고 그런 계획과 목표를 단순히 액자 속 표어처럼 방치한 것이 아니라 어떻게 해서든 현실의 성과로 만들어내기 위해 끊임없이 실천했습니다. 그 지점에서 두 번째 성패가 갈렸습니다. 그리고 비록 실패하는 한이 있더라도 그에 대해 변명하기보다는 될 방법을 찾아내 다시 한 번 시도했습니다. 거기서 완벽하게 성패가 갈렸죠.

그리고 그러한 보물찾기를 수십 년이 지난 지금도 하고 있습니다. 어머니를 위해, 제 아내와 자녀들을 위해, 저를 믿고 따라주는 우리 직원들을 위해, 그리고 어쩌면 어릴 때부터 책임감이 몸에 밴 제 스스로를 실망시키지 않기 위해 말이죠.

04

누구에게나 주어지는 똑같은 시간,
그러나 나에게는 다른 시간

저와 꽤 오랜 기간 잘 알고 지내던 이들조차도 가끔 제가 사는 모습을 물끄러미 바라보다가 이런 이야기를 하고는 합니다.

"회장님, 정신이 하나도 없어요!"

저는 빠릅니다. 보는 것도 빨리 보고, 읽는 것도 빨리 읽고, 생각과 판단도 빠르고, 의사결정도 빨리 내리고, 그를 알리는 것도 빨리 알리고, 실행 역시 빠릅니다. 전화로 이야기를 나누다가 마음이 급해 '만나서 얘기하자'며 곧바로 약속을 잡는 경우도 흔하고, 방금 누군가와 이야기를 나누고 헤어진 뒤 그다음 이야기가 궁금하거나 덧붙여 이야기해줄 것이 있어서 다시 수화기를 드는 경우도 비일비재합니다. 누군가와 이야기를 나누는 도중에 새롭게 해야 할 일이 생겨 한 손으로는 다른 메모를 하기도 하고, 미팅을 하면서 다른 미팅에 참여하고 있는 사람에게 전화를 걸어 새로운 내용으로 대화를 시작하는 경우도 드문 일이 아닙니다.

그렇게 '급한' 제 모습을 보며 사람들은 '젊은 나이부터 기업을 경영하고 수많은 사람을 이끌면서 자연스럽게 생겨난 리더십 스타일의 하나일 것'이라고 추측하고는 합니다. 그러나 그건 오해입니다. 기억을 되짚어보면 이런 스타일은 손에 쥔 것이 아무것도 없었던 청소년 시기에 이미 만들어진 듯합니다. 아니, 손에 쥔 것이 없었기에 만들어질 수 있었던 제 삶의 방식이었습니다.

청소년이었던 시절, 다른 친구들은 민중서관《영한사전》을 가방에 넣고 다니며 '보이즈 비 엠비셔스(Boys, be ambitious)'를 입에 달고 살 때, 저는 수금한 돈이 든 전대를 차고 수금처 주소와 수금액을 입으로 되뇌며 살아야 했습니다. 친구들이 또래들과 어울려 다니며 꿈이니, 장래 희망이니, 진학하고 싶은 학교니, 사귀고 싶은 이상형이니 이야기할 때 저는 그런 것보다 당장 먹고살 것이 막막하여 하루하루 살아남을 일을 걱정해야 했습니다.

저는 초등학교 3학년 때부터 신문 배달과 우유 배달을 해서 집안 살림을 돕고 있었습니다. 그러나 그것만으로는 부족했습니다. 그 당시 제 소원은 우유를 마셔보는 것이었습니다. 꽤 오랫동안 우유 배달을 했음에도 정작 저는 한 번도 우유를 사 먹어본 적이 없었습니다. 간식으로 우유 한 병 사 먹을 돈이 없을 정도로 집안 살림이 찢어지게 가난했습니다. 지금 이대로의 삶이 계속된다면 제 삶에는 아무런 변화도 없을 것이었고, 저 역시 부모님이 평생을 등에 짊어지고 온 지긋지긋한 가난을 그대로 넘겨받아야 할 게 뻔했습니다. 달리 방법이 없었습니다. 다른 사람의 삶보다 제 삶의 속도를 더 빨리 돌리는 것뿐이었습니다.

언젠가 읽은 책에서 본 글인데 《웹스터 사전(Webster Dictionary)》에서는 'Time(시간)'이라는 단어에 대해 다음과 같이 정의하고 있다고 합니다.

> 시간이란 과거에서부터 현재를 거쳐 미래로 이어지는 크고 작은 사건들의 연속적인 체계이다(The system of those sequential relations that any events has to any other, as past, present or future).

우리가 '시간'이라고 인식하고 있는 것은 사실 해당 시간대에 벌어졌던 사건이나 행했던 행동의 연속이라는 것입니다. 그 말대로라면 같은 시간이라도 아무런 일도 벌이지 않고 아무런 행동도 하지 않으면 남보다 더 적은 시간을 사는 것이죠. 반대로 더 많은 사건을 벌이고 더 많은 행동을 하면 사람에 따라서는 남보다 훨씬 더 많은 시간을 살 수 있다는 뜻이기도 합니다. 같은 하루를 보냈음에도 어느 날은 하루가 1년처럼 길게만 느껴지고, 어느 날은 불과 몇 시간밖에 안 지난 것 같은데 하루가 다 지나 한밤중이 되어버린 것 같은 경험들을 여러분도 한두 번쯤 겪어봤을 것입니다.

저에게 삶의 속도를 높인다는 것은 제한된 시간 안에 무슨 일이든 남들보다 더 많이 해내는 것을 의미했습니다. 또 주어진 시간을 남들과 똑같이 쓰지 않고, 제 인생에 크고 작은 사건들을 일으키면서 획기적인 변화를 시도해보는 것이었습니다.

저 역시 초등학교 때까지는 타인과 같은 속도의 삶을 살았습니다. 초등학교 2학년을 마칠 무렵, 가족이 모두 서울로 올라왔고 그때까지는 삶의 속도에 변함이 없었습니다. 우리 가족의 삶의 수준 역시 변함이 없었습니다. 그런데 그 무렵, 집의 형편이 급속도로 나빠지기 시작했습니다. 원래도 좋다고 할 만한 수준은 아니었지만, 그때는 '세상에⋯ 나빠져도 이렇게 나빠질 수 있을까?' 싶은 생각이 절로 들 정도로 형편없이 망가져가기 시작했습니다. 공부 열심히 해서 진학을 한들, 또 다른 동년배들처럼 정해진 학년에 맞춰 졸업하여 취직을 한들, 그렇게 해서는 도저히 승산이 없다는 생각이 들었습니다. 승부를 걸어야 했죠. 본격적으로 삶의 속도를 높여야 했습니다.

지금이야 '명동'이라 하면 대한민국에서 가장 땅값이 비싼 패션과 유행의 거리지만, 과거에는 골목 안쪽으로 무허가 점포와 가내수공업 공장들이 곳곳에 있었습니다. 특히 명동과 남대문시장 등지의 액세서리 도소매상에 납품할 금붙이 귀고리나 목걸이, 팔찌

등을 만들어내는 소규모 세공업체들이 자리 잡고 있었죠.

삶의 속도를 높이기로 결심한 후, 한 금세공 공장에서 일을 하기로 했습니다. 그러나 초등학교 졸업장이 없으면 안 된다고, 졸업하면 오라고 하더군요. 졸업식을 하던 날, 그날 바로 졸업장만 받아들고서는 학교가 있는 금호동에서 명동까지 뛰어가 그렇게 첫 출근을 했습니다. 월급은 8000원. 성인 기술자의 월급에 비하면 터무니없는 금액이었지만, 그래도 직장이라는 것이 생기고 고정적으로 급여가 나온다는 생각에 신이 났습니다. 그렇게 열심히, 미친 듯이 세공 일을 배워나갔습니다.

오전에는 학교를 다니고 오후부터 밤까지는 세공 일을 하면서도 그 전부터 해오던 우유 배달과 신문 배달도 계속했습니다. 비가 오면 고철 같은 것들을 주워서 팔았고, 토요일과 일요일에는 연탄 배달에다 공사장에 가서 벽돌도 날랐습니다. 그런 멀티잡(multi job) 생활은 중학교를 마칠 때까지 계속되었습니다.

그런데 그 무렵 어떤 소식 하나를 듣게 되었습니다. 지금은 '폴리텍1대학'으로 이름과 학제를 바꾼, '정수직업훈련원'이라는 교육기관이 있다는 소식이었습니다.

당시 본격적인 산업 발전기에 들어선 우리나라에는 기술자가 절대적으로 부족했습니다. 건설 붐(boom)이 일어나고 조선소가 만들어지며 하루가 멀다 하고 새로운 공장들이 지어지는데, 막상 거기서 일할 숙련된 기술 인력은 손에 꼽을 정도였으니까요. 이에

1970년대 초반 우리나라 정부는 미국 행정부 및 각개 요처에 도움을 요청했고, 미국 정부의 지원을 받아 기능공을 양성할 수 있는 정수직업훈련원이 문을 열게 되었습니다. 훈련원의 설립 목적과 운영 방침은 명확했죠. 미국에서 제공한 최신 실습 기자재와 철저하게 실용적인 교육을 통해 중학교 또는 고등학교를 졸업하고 상급 학교에 진학하지 못한 청소년들을 대상으로 각종 산업 기술을 가르쳐 기능사 자격증 소지자를 배출하겠다는 것이었습니다.

그런 정수직업훈련원의 신입생 모집 소식이 특히 제 귀에 솔깃했던 것은, 그곳에서 열심히만 하면 1년 안에 용접 기능사 2급 자격증을 손에 쥘 수 있다는 점이었습니다. 그 자격증만 있으면 당시 곳곳에 건설 중인 공장에 가서 일할 수 있었고, 울산·거제·통영·부산 등지에 줄줄이 문을 연 조선소에 가서 일할 수도 있었습니다. 공업고등학교에서는 3년의 시간을 쏟아부어야 얻을 수 있는 결과물을 그곳에서는 1년이라는 시간만 투자하면 얻을 수 있다는 생각이 들었습니다. 저는 망설임 없이 고등학교 입학을 포기하고 정수직업훈련원에 입학 원서를 제출했습니다.

그것도 최종 입학 서류를 제출하는 순간에 '주간'에서 '야간'으로 바꿔 제출했습니다. 그동안 해오던 우유 배달과 신문 배달을 계속해야겠다는 생각에서였습니다. 새벽과 낮 시간에는 우유와 신문을 배달하고 해가 어슴푸레 저물어갈 무렵이면 훈련원으로 등교해서 용접봉이 녹아내리는 불빛으로 밤을 밝히는 생활을 1년 가까이 하게 되었습니다.

이런 선택은 이후로도 계속되었습니다. 저는 같은 시간에 보다 빨리 더 새로운 무언가를 시도해서 더 확실한 성과를 거두어야만 했고, 한 번도 그러한 시도를 하는 데 있어 망설인 적이 없었습니다. 아니, 망설일 수가 없었습니다.

전 세계인들에게 추앙받는 천재 물리학자 아인슈타인(Albert Einstein)이 이런 얘기를 했다고 전합니다.

미친 짓이란, 매번 똑같은 행동을 반복하면서 다른 결과를 기대하는 것이다(Insanity: doing the same thing over and over again and expecting different results).

제 생각 역시 그랬습니다. 그리고 지금의 생각 역시 그렇습니다.

이런 이야기를 하면, 요즘 유행하는 말로 꽉 막힌 '꼰대' 어른들이 즐겨 쓴다는 '라떼는 말이야'로 들릴지 모르겠습니다. 그러나 세상은 제가 살던 그때나 지금이나 항상 변함없이 녹록하지 않고, 그런 삶 속에서 생존과 성공을 보장하는 원칙 역시 안타깝지만 크게 변함이 없어 보입니다.

삶이라는 여정 위에서, 늘 가던 길로 가서는 새로운 길을 발견할 수 없습니다. 남보다 더 빨리 길을 나서거나, 두려움을 무릅쓰고 흔쾌히 다른 길로 접어들어 봐야 비로소 새로운 길들을 보여주더군요.

　타고난 환경, 주어진 상황을 떠나 무언가 지금과 다른 삶을 살고 싶으신가요? 그렇다면 지금과 똑같은 삶의 속도, 삶의 패턴으로 살아서는 다른 결과를 얻을 수 없습니다. 달라져야 합니다. 다른 선택을 해야 합니다. 저 역시 그러한 생각으로 주어진 시간을 더욱 잘 활용하기 위해 남보다 더 빠르게, 그리고 더 치열하게 살아왔던 것이지요.

05

피가 가득한 세숫대야를 보며
스스로 했던 질문

'후우….'

입에서 나온 공기가 그대로 허연 수증기가 되어 허공에 떠다니다가 바닥에 습기로 내려앉는 것이 보였습니다. 어두컴컴한 방 안에는 싸늘한 냉기만이 가득했습니다. 인기척이라곤 없어 아마도 모르는 사람이 와서 보면 버려진 빈방이라고 해도 믿을 만큼 실내는 썰렁했습니다.

정수직업훈련원을 마치고 1년 만에 용접 기능사 2급 자격증을 손에 쥔 뒤, 처음으로 취직한 곳은 울산에 있는 한 조선소였습니다. 울산 미포만을 메워 건설된 조선소로, 급여도 나쁘지 않았고 앞으로 성장 가능성도 큰 직장이었습니다. 물론 일은 고되었습니다. 용접 기술 자격증을 보유하고 있었지만 나이도 어리고 별다른 경력도 없다는 이유로 저에게는 용접봉을 쥐어주지 않았습니다. 대신 제가 맡은 역할은 '그라인다 시다'였는데, 우리말로는 연삭기라고도 불리는 도구인 그라인더(grinder)를 들고 선배 용접공들이 용접을 하고 나면 그 부위를 매끈하게 갈아내는 조수 역할이었습니다.

그렇게 1년 4개월 동안 따가운 불꽃과 매캐한 연마가루를 뒤집어쓰고 최선을 다해 일했습니다. 일이 고되긴 했지만, 이곳에 뼈를 묻고 열심히만 하면 머지않아 그토록 고대하던 목돈을 손에 쥘 수도 있을 것 같았습니다. 그러나 제게는 해결해야 할 또 다른 문제가 있었습니다. 그것은 건강한 대한민국 청년이라면 피해 갈 수 없는 '병역의 의무'였죠. 아무리 좋은 직장이라 하더라도 몇 년 다니지 못하고 군대에 갔다 오면 기술도 다 까먹고 3년간 성장해 있을 다른 직장 동료들의 수준을 따라잡기도 만만치 않아 보였습니다.

고심하던 제게 새로운 대안으로 떠오른 곳이 한 군데 있었습니다. 바로 마산에 있던 '코리아 타코마 조선소'라는 회사였습니다.

김종필 전 총리의 셋째 형 김종락이라는 분이 있습니다. 경제계 유력 인사였던 그는 미국을 방문했던 길에 우연히 코리아 타코마라는 회사의 주요 임원들을 만나게 되었습니다. 코리아 타코마 사는 개인용 요트부터 시작해 소형 쾌속정은 물론 잠수함이나 중대형 군함까지 만들어내던 세계적인 특수선 조선소였습니다. 우연한 만남이라고는 하지만, 이미 지역 정가에는 '김종필 전 총리의 친형이라는 이야기를, 미국 정보기관으로부터 전해 들은 코리아 타코마 사 경영진이 의도적으로 접근한 것'이라는 소문이 파다했습니다.

어쨌든 코리아 타코마 사의 최고경영진들은 한국 남해안에 조선소를 세우고 자신들이 생산하는 군함 중 일부를 그곳에서 제작하는 합작 사업을 제안했습니다. 한국으로 돌아온 김종락 씨는 해군참모총장과 국방장관에게 자신이 받은 제의를 전달했고, 사업은 일사천리로 추진되었습니다. 미국은 극동 아시아 지역에 배치돼 있는 자신의 함대와 우방국 해군에 안정적으로 소형 군함을 제공할 생산기지가 필요했고, 한국은 미국의 최신형 함정 제조 기술 습득이 절실했기에 가능한 일이었습니다.

불과 얼마 뒤인 1972년 6월 김종락 씨는 마산시(지금의 창원시) 양덕동 수출자유지역 내 바닷가 인근에 코리아 타코마 조선공업 ㈜라는 조선소를 설립했고, 그곳에서 연근해 군함으로 활용될 알루미늄 선체의 고속정을 생산하기 시작했습니다.

군용 선박을 생산하는 곳이기에 코리아 타코마는 당연히 방위산업체로 지정되었고, 그곳에서 일하는 군 미필자는 5년의 추가근무를 하면 군 생활을 한 것으로 인정해주는 특례를 받을 수 있었습니다. '일을 하며 기술을 늘리고, 돈을 벌면서, 동시에 군복무를 해결할 수 있다니…' 이보다 더 나은 선택은 있을 수 없었습니다. 저는 잠시 몸담았던 울산의 업체에 죄송하다고 양해를 구하고 짐을 싸서 마산으로 갔습니다.

서울보다 따뜻한 남쪽이라고는 하지만, 여전히 꽃샘추위가 맹위를 떨치던 3월이었습니다. 게다가 같은 남쪽이라도 바닷가는 바람이 매서워 비슷한 위도의 내륙보다 체감온도가 훨씬 더 낮았습니다. 우선 당장 살 집을 구해야 했지만, 그럴듯한 집을 구할 돈이 있을 리가 만무했습니다. 게다가 당시에는 이미 제 벌이가 우리 가족의 가장 주요한 생계 수단이었기에 한 푼도 허투루 쓸 수 없었고, 저 자신을 위해서도 쓸 수가 없었습니다. 다행히 아는 분의 소개를 받아 보증금 없이 월세만 내고 자그마한 방 한 칸을 어렵사리 얻을 수 있었습니다. 그런데 그 집에는 치명적인 문제가 있었습니다. 난방 공사를 제대로 하기나 한 건지 밖이나 안이나 온도 차가 거의 없었습니다. 세찬 비바람이 불기라도 하면 방 안에까지 그 냉기가 그대로 전해지는 듯했죠.

　게다가 당시 저는 방에 연탄불을 피우지 않고 살았습니다. 아니, 켜지 못하고 살았습니다. 조선소의 불규칙한 작업 일정이 언제 마칠지 알 수 없었고, 수시로 이어지는 야근과 철야 근무 탓에 연탄이 있어도 꺼지지 않게 관리할 수가 없었습니다. 그보다 저 혼자 쓰는 방에다 태워 없앨 연탄 값조차도 아까웠습니다. 결국 커다란 스티로폼 석 장을 구해 그를 겹쳐 쌓고 이불을 덮어 간이 매트리스를 만든 뒤 그 위에서 쪽잠을 청했습니다. 겨울에는 누워서 자다가 입김을 불 때면 그것이 허옇게 퍼져나갔습니다.

　날이 갈수록 기침을 하는 횟수가 늘어갔습니다.

저의 건강을 위협한 것은 그뿐만이 아니었습니다. 그 무렵 저는 고참들이 마다하는 주말 특근이나 철야 작업을 몽땅 도맡아 하고 있었습니다. 그래야 빨리 더 많은 돈을 벌 수 있다는 생각에서였습니다. 용접봉이 타들어 가면서 내뿜는 화학물질투성이의 가스와 용접한 표면을 매끈하게 갈아내기 위해 샌딩 작업을 할 때면 자욱하게 퍼져나가는 금속가루가 섞인 모래 먼지를 마시며 몇 시간이고 용접을 했습니다. 게다가 객지 생활을 하며 먹는 것조차 부실했으니 몸이 멀쩡할 리가 없었습니다. 일한 지 5년쯤 되었을 때, 가장 먼저 이상 신호를 보낸 곳은 폐였습니다.

"쿨럭!"

방 안에 허옇게 입김이 퍼져나가던 어느 추운 날이었죠. 그냥 늘 하곤 했던 잔기침이라 생각하고 흐른 침을 소매로 스윽 닦았습니다. 그런데⋯ 무언가 느낌이 달랐습니다. 소매에 묻은 것은 그냥 침이 아니었습니다. 그보다 색이 짙고 뭔가 끈적거렸습니다. 무언가 이상하다고 여길 틈도 없이 연이어 몇 차례 큰 기침이 이어졌습니다. 이번에는 그냥 기침이 아니라 가슴속 깊은 곳에서 뭔가 강한 풀무질로 오장육부를 밀어 올리는 듯한 느낌이었습니다. 숨통이 턱 막히는 기분이 잠시 들더니 무언가 뭉클한 덩어리가 입과 코로 뿜어져 나왔습니다. 급한 대로 문지방 근처에 있던 세숫대야를 받쳐 들었습니다.

피였습니다. 그것도 빨갛다 못해 시커멓게 보이는 붉은 핏덩이.

세숫대야를 뒤늦게 받치느라 이미 한가득 방바닥에 흘렸음에도 핏덩이는 세숫대야를 절반 가까이 가득 채웠습니다. 순간, 막막해졌습니다.

'내가 폐병에 걸렸구나….'

당시에는 뭉뚱그려서 '폐병'이라고 일컫던 폐결핵에 걸린 것이었습니다.

요즘은 의료 기술이 많이 발달했지만, 제가 젊었을 때만 하더라도 결핵은 생명을 크게 위협하는 무서운 질병이었습니다. 한 번 걸리면 낫기도 힘들고, 또 낫는다 하더라도 치료를 받는 기간 동안 일상생활이 엉망이 돼 삶의 기반이 무너지고, 심신이 허약한 폐인으로 전락하는 경우가 다반사였죠. 객지에 홀로 나와 살면서 하루하루 몸으로 일해 수입을 만들어내던 당시의 저에게는 지금의 암이나 에이즈보다도 더 무서운 천형(天刑)으로 느껴졌습니다. 몸이 점점 쇠약해지는 것을 알고 있었음에도 삶의 속도를 빨리하고 남들과 같은 시간 내에 무언가를 이뤄 가족을 부양하고 집안을 살리겠다는 욕심에 제 육체를 혹사시킨 벌이라는 생각이 들었습니다.

그렇게 잠시 멍하니 핏덩이가 담긴 세숫대야를 들고 있었습니다.

'그래서 여기서 멈출 것인가?'

스스로에게 질문을 던졌습니다. 그래서 여기서 멈출 것인가? 아니면 다시 또 도전해볼 것인가?

사실 제게는 필요 없는 질문이었습니다. 생각지 못한 각혈에 잠시 당황해서 멈칫했지만 이미 저의 대답, 선택, 행동은 정해져 있었습니다. 제가 꿈꿔왔던 것들, 제가 하고 싶었던 것들, 저만 바라보고 있는 부모님과 가족들, 그리고 제가 가야 할 길들…. 그 어떤 것도 포기할 수도, 포기하지도 못할 것들이었습니다. 저는 세숫대야를 조용히 바닥에 내려놓았습니다. 그러고는 핏덩이를 들어 세수하기 시작했습니다.

'까짓 것, 세숫대야에 든 이것은 핏덩이가 아니라 세숫물이다. 날마다 얼굴을 씻던 세숫물이다!'

참 별난 행동이었죠. 하지만 그렇게 하지 않고서는 속에서 치솟아 오르는 불안감과 공포를 견디기 힘들었습니다. 그렇게라도 하지 않으면 두려워서 그대로 쓰러질 것만 같았습니다. 조금 과장해 생각해보자면, 의상대사와 당나라로 유학을 가려던 원효대사가 새벽에 목이 말라 물을 찾다 해골 속에 든 물을 달게 마신 뒤 토악질하던 중 '모든 것은 마음에서 비롯된다'는 이른바 '일체유심조(一切唯心造)'를 깨달은 것처럼, 저 역시 세숫대야 속 핏물을 세숫물 삼아 얼굴을 닦으며 '모든 것은 다 앞으로의 제 마음에 달려 있음'을 깨달으려 한 건지도 모르겠습니다.

그런데 이러한 일은 이때 한 번으로 그치지 않았습니다. 돌이켜보면 제 삶에서 위기가 없었던 적은 없었습니다. 도전이 아니었던 때가 없었으며, 삶의 중요한 부분을 잃을 수도 있는 위험도 숱하게 있었습니다. 제 삶에는 늘 문제가 주어졌습니다. 심지어 제 삶 자체가 큰 문제였던 경우도 많습니다. 그럴 때마다 문제가 된 상황은 있는 그대로 인식하고자 노력했고, 그에 대해 불필요하게 감정적으로 빠져들어 위기를 부풀려 생각하지 않았습니다. 도전이 어렵다는 핑계를 대거나 위험을 피해 가려고 하지도 않았습니다. 시련과 위험은 인생을 살아가며 언젠가는 닥칠 것이라 생각하고, 그를 고민하고 걱정하는 데 빠져들기보다는 해결하는 방법을 찾기 위해 서둘렀습니다.

세상에는 대략 두 가지 부류의 사람이 있습니다. 한 부류는 '문제 위주의 사고(Problem Thinking)'를 하는 사람이고, 다른 한 부류는 '가능성 위주의 사고(Possibility Thinking)'를 하는 사람입니다. 문제 위주의 사고를 하는 사람은 주로 문제에 집중합니다. 물론 해결책을 찾기 위해 노력을 하긴 하지만, 그의 시선과 관심은 오로지 문제에 몰려 있습니다. '이것이 얼마나 어려운 문제인지', '이 문제를 해결하기 위해서는 얼마나 많은 자원이 필요한지', '이 문제를 해결하지 못했을 경우에는 얼마나 심각한 결과가 초래되는지'를 찾아내는 데 급급할 수밖에 없습니다. 고민이 깊어지고 생각은 많아지지만 정작 아이러니한 것은, 이러한 경우에는 문제에 대한 해답이 나오는 속도가 더디다는 것입니다. 또 문제에 대해 고민하는 그사이에 추가적인 문제들이 더 생겨나는 경우도 많습니다.

반면 가능성 위주의 사고를 하는 사람은 조금 다른 접근을 합니다. 물론 이런 유형의 사람도 문제를 해결해야 한다는 생각은 갖고 있습니다. 그리고 문제 해결에 대한 의지 역시 그 누구보다도 강하죠. 다만 그 접근 방법이 다릅니다. **가능성 위주의 사고를 하는 사람은 일단 '하고 싶은 일', '해야 할 일'에 대한 확고한 인식과 재확인으로부터 모든 것을 시작합니다.** 문제 위주의 사고를 하는 사람이 "어떻게 문제를 해결할 것인가?"로 질문을 시작할 때, 가능성 위주의 사고를 하는 사람은 "문제를 꼭 해결하고 싶다. 그러기 위해 필요한 것들은 무엇이고, 내가 동원할 수 있는 것들은 무엇인가?"라는 질문으로 시작합니다. '문제점'으로 생각을 시작하는 사람과 '희망과 기대', '명확한 목표'로 생각을 시작하는 사람은 그 과정과 결과 측면에서 엄청난 차이를 보여줄 수밖에 없습니다.

저는 이러한 원리를 먼 훗날 다니게 된 경영대학원의 교수님과 함께한 수업 시간에 배운 것이 아니라 지난한 삶의 과정을 통해 생의 어려운 고비를 넘나들면서 그를 체화했던 것 같습니다. 그리고 그날로부터 폐병 환자로서의 괴로운, 그러나 돌이켜보면 제 인생에서 가장 감사하고 멋진 도전이 본격적으로 시작되었습니다.

06

'최악의 상황'은 나에게만
벌어지는 일이 아닙니다

명절 때면 자주 방송되던 〈노팅힐(Notting Hill)〉이라는 영화가 있습니다. 그 영화를 보면 영화의 중반을 넘어가는 무렵에 흥미로운 장면이 하나 나옵니다.

다 망해가는 여행서 전문 서점을 운영하는 평범한(혹은 조금은 찌질한) 이혼남 윌리엄 대커(휴 그랜트 분)는 우연한 기회에 세계적인 영화배우인 할리우드 스타 애나 스콧(줄리아 로버츠 분)과 인연을 맺습니다. 그렇게 만남과 헤어짐을 계속하던 그들은 윌리엄의 오랜 친구 맥스와 벨라의 집에 초대를 받습니다. 즐거운 저녁 식사가 끝나갈 무렵, 디저트로 제공된 초콜릿 케이크의 일종인 브라우니 한 조각이 남습니다. 그 브라우니를 누가 먹을 것인지를 두고 그들은 내기를 하는데, 내기 주제는 '과연 누가 (마지막 남은 달콤한 브라우니를 챙겨 먹어야 할 만큼) 더 불행한가'였죠.

제일 먼저 도전한 이는 다니던 증권사에서 이제 막 해고를 당한 버니라는 친구였습니다. 첫 도전자부터 무척이나 유력해 보입니다. 그러나 '가장 불행한 사람'이라는 타이틀은 금세 다른 도전자에게 돌아가고 맙니다. 윌리엄의 여동생인 허니는 엉망진창인 자신의 직장 이야기와 매번 나쁜 남자와만 사랑에 빠지는 신세를 털어놓으며 금세 '가장 불행한 사람의 몫'인 브라우니의 주인 후보로 등극합니다.

하지만 압도적인 후보가 따로 있었습니다. 극중 계속 휠체어에만 앉아 있던 집주인 벨라가 그 주인공이었습니다. 그녀는 불의의 사고를 당한 뒤 더 이상 자신의 두 다리로 걸을 수 없게 된 신세를 한탄합니다. 이러니저러니 해도 다른 후보들은 팔다리는 멀쩡하니, 벨라가 브라우니의 최종 주인인 것처럼 보입니다.

그런데 의외의 인물이 한 명 더 등장합니다. 극중에서 부와 명예를 모두 거머쥔 최고의 스타로 묘사된 애나였습니다. 그녀는 화려해 보이는 겉모습과는 달리 10대 때부터 먹고 싶은 것도 못 먹고 하고 싶은 것도 못 하면서 매일 강박적으로 다이어트에 매달려야 했으며, 고통스러운 성형수술도 받아야만 했다고 고백합니다. 더군다나 자신이 실수를 하거나 상처를 받을 때면 그를 애달파하기는커녕 언론에서는 가십거리로 다루며 고소해했다고 이야기하죠. 그뿐만이 아니라 겉으로는 사이가 좋은 척하지만 실제로는 폭행을 일삼는 남자친구가 있으며, 세월이 흘러 매력이 사라지면 그동안 아름다운 외모로 가려왔던 수준 이하의 연기력도 들통이 나고, 그저 그런 나이 든 중년 여인이 되고 말 거라고 푸념합니다.

결국 브라우니는 누가 먹었을까요?

사실 이 이야기를 불쑥 꺼낸 이유가 있습니다. 이 영화에서 '누가 가장 불행한 사람으로 뽑혔을까?', 그래서 '누가 브라우니를 먹게 되었을까?'를 말하고자 했던 것이 아닙니다. 다들 별일 없이 멀쩡한 것 같지만 제각기 어려움을 안고 살아가고 있으며, 다들 즐겁고 멋진 삶을 살아가는 것 같지만(특히 SNS상에서는 더더욱 그런 것 같지만) 슬픈 사연이 없는 사람은 단 한 명도 없음을 이야기하려고 꺼냈습니다. 삶이 참 그렇습니다.

언젠가 두 달간 인도 여행을 다녀왔다는 젊은 후배를 만난 적이 있습니다. 그 친구 이야기인즉슨, 하루는 열차를 타는데 역마다 연발과 연착이 거듭되었다는 겁니다. 그렇게 조금 가다가 몇 시간씩 멈춰 서기를 반복하더니 지도상으로는 4시간 반이면 갈 거리를 꼬박 하루, 24시간 만에 가더랍니다. 불편한 자리에 끼어 앉아 식사도 제대로 못 한 채 종일 기차를 탔더니, 목적지인 기차역에 내리자마자 그 친구 입에서는 절로 "와! 이건 내 인생 최악의 기차 여행이었어!"라는 소리가 나왔습니다. 그러고는 생각했답니다.

'다시는 이따위 기차 여행은 하지 않겠지?'

며칠 뒤 후배는 다시 기차를 타게 됐는데, 그날은 상황이 더 고약했습니다. 예약한 자리에는 말도 안 통하는 인도인 할머니 두 분이 끼어 앉아 있었고, 열차의 냉방시설은 고장이 나서 찜통인데, 기차는 출발 예정 시간이 7시간이 지나도록 출발할 기미가 안 보였습니다. 알고 보니 그 기차의 1등석에 타기로 한 시장이 행사에 참석하느라 늦게 왔더라나요? 그 한 명을 기다리기 위해 스무 량 가까운 객차의 열차를 통째로 기다리게 했던 거랍니다. 우여곡절 끝에 기차가 출발은 했는데, 한참을 가다가 이번에는 주변에 아무것도 없는 들판에 아예 멈춰 서버렸습니다. 그러고는 다시 몇 시간이 지나 한밤중이 되도록 출발할 생각을 하지 않는데, 인도 현지인들은 아무렇지도 않다는 듯 기차에서 내려 음식을 해 먹거나 싸 온 음식을 먹으며 아예 캠핑하듯 노숙할 준비를 하는 것이 아니겠습니까. 아무런 준비 없이 기차에 올라탔던 후배는 쫄쫄 굶을 수밖에 없었습니다. 새벽 동이 틀 무렵에야 기차는 다시 움직이기 시작했고, 그렇게 59시간 만에 후배는 목적한 도시에 도착할 수 있었다고 합니다.

그러나 이번에는 "내 인생 최악의 기차 여행이었다"는 말은 하지 않았다고 합니다. 분명 며칠 전까지만 하더라도 다소 불편한 자리에 앉아 24시간을 타고 온 기차 여행을 '자기 인생 최악의 기차 여행', '다시는 경험할 리 없는 기차 여행'이라 생각했는데 말이죠.

그는 그 두 배도 넘는 시간을 지체하며 그나마 자리까지 뺏겨 복도에 앉아 가는, 더 최악의 여행을 경험하게 되면서 무언가 깨달은 바가 있었다고 합니다. '우리 인생도 그런 것이 아닐까' 하는 생각 말이죠.

우리는 늘 무언가 불편하고 어려운 일을 겪게 되면 입버릇처럼 "와! 최악이다"라는 말을 내뱉곤 합니다. 더불어 "다른 사람은 이런 어려움을 겪지 않는데, 왜 나에게만 이런 일이 일어나는 것일까?"라는 불평을 하게 되죠. 하지만 내 인생에 그런 '최악의 일'들이 이번 한 번만으로 끝날까요? 혹은 이 세상에 그런 어려운 일들이 다른 사람에게는 일어나지 않고 정말 '나에게만' 일어나는 것일까요?

그렇지 않을 것입니다. '브라우니의 주인공'은 오늘의 내가 될 수도 있고, 내일의 내가 될 수도 있습니다. 또 당연히 내 차지일 것만 같았던 브라우니가 사실은 아무렇지 않은 표정으로 살아가던, 내 곁의 행복하게만 보이던 친구의 몫일 수도 있습니다.

저 역시 젊은 시절에는 남들이 보면 '날마다 최악'이라 할 수 있을 정도로 되는 일이라곤 없던 날들의 연속이었습니다. 하루를 보내면 '와! 오늘같이 힘든 날이 다시는 오지 않겠지?'라고 생각하기가 무섭게 다음 날은 더 아프고 힘든 일들이 펼쳐졌습니다. 그러나 그 안에서 즐거움을 찾고, 감사할 것을 찾으며 날마다 조금씩 앞으로, 또 앞으로 나아가고자 했습니다. 그러한 나날들이 모여 새로운 날들이 만들어지기 시작했습니다.

여러분이라면 어떻게 할 건가요? "오늘의 내가 최고 불행하거든?"이라고 말하며 순간의 달콤함만을 주는 브라우니의 주인이 되겠습니까? 아니면 "이런 일쯤은 내일도 또 내게 일어날 수 있고, 나 아닌 다른 사람에게도 일어날 수 있어"라며 툴툴 털고 일어나 새로운 날들을 맞이하겠습니까?

제2부

되는 일 하나 없다는
생각이 들 때에도
사람만 남았다

Happy people build their inner world;
Unhappy people blame their outer world.

행복한 사람은 그들의 내적 세계를 만드는 데 힘쓰는 반면,
불행한 사람들은 그들의 외적 세계를 비난하기에 바쁘다.

– 달라이 라마(1935~)

01

진창에서도 피어나는 꽃

좋아하는 시 하나를 들려드리려 합니다.

흔들리지 않고 피는 꽃이 어디 있으랴
이 세상 그 어떤 아름다운 꽃들도
다 흔들리면서 피었나니
흔들리면서 줄기를 곧게 세웠나니
흔들리지 않고 가는 사랑이 어디 있으랴
젖지 않고 피는 꽃이 어디 있으랴
이 세상 그 어떤 빛나는 꽃들도
다 젖으며 젖으며 피었나니

바람과 비에 젖으며 꽃잎 따뜻하게 피웠나니

젖지 않고 가는 삶이 어디 있으랴

　　　　　　　　　　　　　　　– 도종환, 〈흔들리며 피는 꽃〉

　저는 보기와는 달리 시를 참 좋아합니다. 이런 아름다운 시를 읽는 것도 좋아하고, 줄줄 외우는 유명한 시인의 시구도 제법 됩니다. 젊은 시절에는 문학청년으로서 꽤 괜찮은 자작시를 여러 편 발표하기도 했습니다. 이 세상 모든 빛나는 꽃들도 다 젖으면서 피어나듯이 인생의 가장 찬란한 시절인 제 20대의 삶 역시 치열함과 처절함의 연속이었습니다.

　그 무렵 부모님의 경제 사정은 갈수록 더 나빠지고 있었습니다. 남 잘 믿고, 마냥 사람 좋기만 했던 부모님은 이상하게 벌어들이는 돈보다 빚지는 돈이 더 많았습니다. 그 빚을 갚으려면 제 월급을 다 쏟아부어도 부족했습니다. 결국 한 달치 월급을 고스란히 어머니께 보내드리고 저는 틈날 때마다 잔업을 해야 했지요. 남들이 잘 하기 싫어하는 주말 저녁 철야 같은 것들을 도맡았고, 그렇게 벌어들인 수당으로 자취방 월세를 내고 생활을 해결해야 했습니다.

　그러나 지독한 가난은 그런 정도로 해결될 문제가 아니었습니다. 보다 극적인 해결 방안이 필요했죠. '중동으로 가자!'라는 생각에 이르렀습니다.

유가가 급등하면서 세계 경제에 큰 충격을 준 오일쇼크는 역설적으로 산유국에는 엄청난 경제적 혜택을 주었습니다. 배럴당 3달러 선이었던 중동산 원유가 1973년과 1차 오일쇼크 직후 12달러까지 급등했습니다. 이후 15달러 선에서 유지되던 원유 가격이 1979년 이란 종교혁명 직후 발생한 2차 오일쇼크 이후에는 무려 39달러 50센트까지 치솟았습니다. 세계 경제는 요동쳤고, 석유 한 방울 나지 않는 대한민국 경제 역시 휘청거렸습니다. 하지만 반대로 유가 상승으로 엄청난 부를 축적한 중동 국가들은 그 돈을 활용해 부족한 사회적 인프라를 구축하기 위해 대대적인 건설 프로젝트들을 추진하기 시작했는데, 이것이 일명 '중동 건설 붐'이었습니다.

오일쇼크로 인한 경제적 위기는 전 세계에 동시다발적으로 불어닥쳤는데, 그 여파는 우리나라가 가장 극심한 편에 속했습니다. 평상시 잘 먹고 잘살며 건강관리를 꾸준하게 해왔던 사람은 독감에 걸려도 그저 기침 몇 번 하고 하루 푹 쉬다 보면 너끈히 털고 일어나고는 합니다. 반면 제대로 못 먹고 못살던 이들은 한 번 앓아누우면 골골거리다 더 큰 병으로 상태가 심해지고는 합니다. 당시의 대한민국이 그랬습니다.

미국, 독일, 일본 등 선진국들은 다소간의 경제 불황을 겪기는 했지만 그래도 어느 정도 버티고 있었으나 우리는 달랐죠. 6·25 전쟁 이후 자유주의 진영 국가들의 대규모 원조와 베트남 전쟁 특수

등으로 겨우 기지개를 펴던 개발도상국의 경제는 '산업의 핏줄'이라는 석유가 문제를 일으키자 꽁꽁 얼어붙고 말았습니다.

속이 상했습니다. 수천만 년 전 땅에 파묻힌 공룡과 나무의 화석에서 생긴 연료 덕분에 떵떵거리며 사는 중동의 그들이 돈 한 푼더 벌기 위해 각고의 노력을 쏟아붓고 있었던 제 눈에는 큰 기회로 보였습니다.

"호랑이를 잡으려면 호랑이 소굴로 들어가야 한다."

너무나도 익숙한 이 격언이 이때처럼 우리의 현실과 딱 맞아떨어졌던 때가 또 있었을까 싶습니다. 우리나라에서 한 방울도 나지 않는 석유 때문에 시작된 위기를 해결하기 위해 우리가 찾아가야 할 전장은, 석유와 부를 움켜쥐고 있는 중동의 산유국이었습니다. 1973년 삼환기업이 사우디아라비아 정부가 발주한 고속도로 공사를 수주하면서 우리나라의 중동 건설 붐이 시작됐습니다. 이후 중동 지역 전역에 걸쳐 수십 개의 기업들이 추가적으로 진출하면서 말 그대로 대대적인 번성을 이루게 되었습니다.

가장 하이라이트는 주베일 신항만 공사(Jubail Industrial Harbor Project)였습니다. 사우디아라비아 주베일에 신항만을 건설해 인근 동부 유전지대에서 시추된 원유를 수송하고 일대를 거대한 산업도시로 변모시키겠다는 사우디 왕실의 원대한 목표가 담긴 건설 사업이었습니다. 예상되는 공사 금액만도 무려 9억 3000만 달러를 넘어서는 엄청난 공사였습니다. 그 돈은 당시 우리나라 전체

예산의 절반에 가까운 금액이었고, 같은 시기 사우디아라비아 전체에서 진행되던 모든 건설공사 비용을 다 합친 금액보다도 1억 5000만 달러 이상 더 많은 금액이었습니다. 말 그대로 '20세기 최대의 건설공사'였습니다. 그 공사를 미국이나 독일, 일본의 세계적인 건설회사들을 제치고 우리나라 현대건설이 따내면서, 중동 건설 붐은 곧 중동에서의 대한민국 건설회사의 붐과 동일한 단어로 여겨지게 되었습니다.

당연히 중동 건설 현장에 보낼 사람이 필요했습니다. 한낮 기온이 섭씨 50~60도를 넘나들고 수시로 모래폭풍이 불어닥치는 곳에서 가족과 떨어져 주말도 없이 주 7일을 전쟁터에서 전투를 치르듯 땅을 파고, 콘크리트를 쌓아 올리고, 나사를 조이며, 한 치의 오차도 없이 용접을 해낼 기술 인력은 지금도 그렇지만 당시로서는 대한민국의 기술자들밖에 없었지요.

그렇게 사우디, 쿠웨이트, 이란, 이라크로 나갔던 기술자들이 시골의 부모님께 전답을 사라고 돈을 부쳐오고, 한 번 휴가를 나올 때마다 전기밥솥에 미제 TV 등을 사 들고 들어오곤 했습니다. 그러다 보니 중동은 한 번 나가면 고생은 하지만 집 한 채 정도는 너끈히 살 수 있을 만큼 목돈을 벌어 올 수 있는 노다지로 여겨지기 시작했습니다. 저에게 역시 그랬죠.

이 답답한 집안 사정과 경제 문제를 해결할 방법은 중동으로 가는 길밖에 없었습니다. 그러자면 용접 기능사 1급 자격증이 필요했습니다. 빠른 시간 내에 생업에 뛰어들기 위해 정수직업훈련원에서 2급 기능사 자격증만 딴 뒤, 울산을 거쳐 마산으로 내려왔기에 최대한 빨리 1급 기능사를 따는 것이 중요했습니다. 게다가 제 삶의 시선은 그보다 훨씬 더 앞의 다른 무언가를 보고 있었습니다. 비록 직업학교 출신의 기능공이었지만, 제 배움의 끝은 여기가 아닐 거라는 생각을 막연하게 했던 것입니다. 학업을 더 이어나가기 위해서는 검정고시를 봐야 했지요. 그를 위한 공부 역시 병행했습니다.

연일 이어지는 잔업과 철야, 용접 가스와 모래 먼지가 자욱한 가혹한 작업환경, 연탄 한 장 때지 못해 얼어붙을 대로 얼어붙은 생활 환경, 부족한 영양 상태… 그 와중에도 심야 또는 새벽에 집에 돌아오면, 날이 밝을 때까지 검정고시와 기능사 1급 자격증 공부를 위해 책을 펼쳤습니다. 병에 안 걸리려야 안 걸릴 수가 없었습니다.

그러나 '흔들리는 세상', '젖어버린 세상' 속에서도 '아름답게 피어나는 꽃'은 있었습니다. 그 바쁘고 정신없는 와중에도 저는 펜을 들어 시를 적고, 글을 썼습니다.

세상이 흔들리고 젖어버려도 제 마음속에 작은 씨앗 하나만 간직하고 있다면 언제라도 꽃을 피울 수 있을 것 같았습니다. 저에게는 그것이 바로 '시'와 '수필'이었습니다. 마산·창원 지역 문예 모임에 가입해 서투르게나마 마음속에 담았던 것들을 하얀 종이 위에 글자로 풀어냈습니다. 그리고 그를 사람들과 나누고 함께 감상했습니다. 작업 간 용접봉을 잠시 내려놓은 틈틈이, 구내식당에서 점심

밥을 입속에 급하게 밀어넣고 난 뒤 짧은 틈을 활용해, 그리고 자취방에서 공부하는 틈틈이 시와 수필 작품들을 남겼습니다.

사실 뒤에 좀 더 자세하게 이야기하겠지만, 저는 어렸을 때부터 말을 심하게 더듬는 편이었습니다. 그 때문에 말보다는 글로 표현하는 것이 조금 더 마음이 편했고, 다른 이들의 눈치를 볼 필요도 없었기 때문에 시간이 날 때마다 종이 위에 마음껏 제 생각을 펼쳐내고는 했습니다.

세상 모든 것을 괴롭고 힘겨운 것들로 묘사하고 단정 지어도 하나 이상할 것 없었던 시기에도 저는 그들 가운데 아름다운 모습, 저에게 감동을 주는 감사한 것들을 하나라도 찾아내기 위해 노력했습니다. 그리고 그러한 것들에 대한 진심 어린 감사와 찬사를 담아 한 글자, 한 글자씩 적어 내려간 것입니다. 돌이켜보면 그때의 그 마음이 쓰리고 팍팍한 생활에 숨통을 틔워준 게 아닌가 싶습니다.

그리고 그 무렵, 저는 진정 아름답게 피어나는 꽃을 만났습니다.

02

터미널에서 인쇄한 청첩장

백양사에서 입산수도하고 《불교신문》 편집국장 등을 역임한 정다운 스님이라는 분이 계십니다. 《한국일보》 신춘문예에 당선되어 작가로 활동하셨던 문인이기도 했는데, 자신의 재능을 살려 글을 통한 포교에도 많은 공을 들인 분이었습니다. 정다운 스님은 '부름'이라는 이름의 전국 단위 문학 동인회 운영도 하셨는데, 당시 이 동인회에는 시와 수필, 소설 등에 재능이 있는 수많은 예비 작가와 작가 지망생들부터 이렇다 하게 마음 둘 곳 없는 젊은이들까지 모여들어 크게 성황을 이뤘습니다. 당시에는 지금과 같은 놀 거리나 어울릴 만한 공간, SNS 등이 없었기에 이런 동인회가 젊음의 열기와 문화적 욕구를 분출할 수 있는 거의 유일한 창구였습니다.

사실 재미 삼아 몇 번 참가했던 것인데, 무언가 한 번 하면 그냥 묻어서 지나가는 스타일이 못 되는 제 성격은 동인회에서도 여지없이 드러났습니다. 어느덧 동인회 활동이 점차 제 삶의 중요한 부분 중 하나가 되었습니다. 그리고 어느새 저는 '부름' 문학 동인회의 마산 지역 회장이 돼 있었습니다. 스물세 살 때였습니다.

어쩌다 보니 쓰게 된 감투이지만, 한 번 하기로 한 이상 제대로 해야 직성이 풀릴 듯했습니다. 지역 회장으로서 동인 회원들의 단합과 창작 활동을 적극적으로 도왔고, 동인 회원들이 그간 창작한 시 작품들을 모아 시 낭송회를 성황리에 열기도 했습니다. 그러던 어느 날 '부름'의 전국 지역 회장단 모임에 참가하게 되었습니다. 그곳에서 강원도 원주에서 왔다는 한 여성 동인 회원을 만나게 되었습니다. 이런 표현이 조금은 진부하긴 하지만, 말 그대로 그 사람이 한눈에 들어왔습니다. 같이 있는 사람들 중에 오직 그 사람밖에 보이지 않았습니다. 헛말이 아니었습니다. 단아한 모습, 그리고 상대방을 적극적으로 이해하려 노력하고 제 말을 진심으로 들어주려는 표정과 태도에 마음이 움직였습니다. 모임이 끝난 후 저는 어떻게든 기회를 만들어보고 싶은 마음에 그 사람의 신발 한 짝을 몰래 숨겼습니다. 사람들이 차 시간 때문에 다 가고 난 뒤, 발을 동동 구르던 그녀에게 신발 한 짝을 찾아주면서 마음을 표현했습니다.

이후에는 편지를 통해 서로의 마음을 주고받았습니다. 생활이 팍팍했던지라 연애하는 기간 동안 남들처럼 고급 레스토랑이나 분위기 좋은 스카이라운지 등에서 분위기를 잡아보는 것은 언감생심 꿈도 꾸지 못했습니다. 2년 하고 몇 개월의 연애 기간 동안 외식이라고 한 것은 지하철 역사 안에 있는 분식집에서 냉면 한 그릇 사준 게 전부였습니다. 조선소에서 일하다 명절날 서울로 올라가면 집으로 오라고 하였고, 그렇게 온 가족이 모여 있는 좁고 낡은 집 안에서 함께 앉아 시간을 보내는 것이 연애의 전부였습니다. 그렇게 남들처럼 잘해주지 못하는데도 나를 사랑해주는 그 사람이 좋았습니다. 그리고 미안했습니다.

그러는 사이에 제 몸의 병세는 점점 더 심각해졌습니다. 영양실조가 와서 더 이상 격한 노동을 버텨내기 힘들 정도로 몸이 쇠약해졌습니다. 병을 치료하기 위해 회사를 그만두고 7년간의 길었던 마산 생활을 접고 서울로 올라와야만 했지요. 그간 용접 기능사 1급 자격증을 포함해 여러 개의 국가기술자격증을 땄지만, 중동에 나가 트렁크 한가득 달러를 벌어 와 집안의 빚을 다 갚고 장가도 가겠다는 꿈은 끝내 접을 수밖에 없었습니다.

서울로 올라와 치료에 전념했음에도 병세는 쉽사리 잡히지 않았습니다. 오히려 급작스럽게 상태가 나빠져서 응급실에 실려 간 것도 여러 번이었습니다. 지금의 제 체격과 몸 상태만 알고 있는 사람이라면 상상도 못 할 텐데, 그 당시 제 체중은 55킬로그램을 밑돌았습니다. 말 그대로 살은 쪽 빠지고 뼈밖에 없어 피골이 상접한 상태였습니다. 주위에서 "저 집 아들 저거, 어떻게 사람 구실이나 하겠나?"라고 수군거리는 소리가 제 귀에까지 들렸습니다. 그럼에도 제가 희망을 갖고 버틸 수 있었던 것은 평생을 이어온 어머니의 간절한 기도와 '원주의 그녀'가 보내온 편지에 담긴 글과 마음 덕분이었습니다.

몸 상태가 그럼에도 저는 또 돈을 벌 궁리를 해야 했습니다. 치료도 치료이지만, 제가 나가서 조금이라도 벌어서 보태야 했습니다. 육체노동을 할 몸 상태가 아니었으니 머리로, 가슴으로 일해서 돈을 벌 수 있는 걸 택해야 했지요. 마침 누군가 알려줘서 국립 사회복지 연구원에서 개설한 강좌를 듣고 사회복지사 자격증을 땄습니다. '사회복지'에는 문외한이었지만 다행히 다수의 힘과 사회적인 역량으로 소수, 그리고 약자들을 돕는 일은 제 적성에 잘 맞았습니다. 어렸을 때부터 어머니께서 들려주시고, 또 몸소 보여주셨던 모습이 바로 그런 일들이었기 때문이죠.

사회복지사 자격증을 취득한 후 경기도 양주에 있는 송추 정신병원 상담사로 취직했습니다. 전문의들을 도와 치료를 받고 있는 정신질환 환자들이 감정적·정서적으로 안정을 취할 수 있도록 돕는 역할이었습니다. 나름 보람된 일이긴 했으나 문을 연 지 얼마 되지 않은 병원이었던지라, 온갖 잡다한 일들을 다 해야 했습니다. 특히 환자가 발작을 일으키거나 환자들끼리 다툼이라도 벌어지면, 불면 날아갈 듯한 가냘픈 몸으로 그들을 설득하고 뜯어말리느라 정신을 못 차릴 지경이었지요.

　그런 와중에도 원주 그녀와의 관계는 지속적으로 발전해갔습니다. 저는 이제 결정을 내려야 할 시간이 다가왔다고 생각했습니다. 돌이켜보면 정말 염치없는 이야기지만, 당시에는 이 지독한 폐병도 그녀와 함께라면 곧 나을 것만 같았습니다.

　"내 병 좀 고쳐주세요."

　이 말이 그대로 저의 결혼 프러포즈가 되고 말았습니다. 진심이었습니다. 저는 저의 모든 진심을 담아 간절하게 그녀에게 말했습니다.

　'내 병 좀 고쳐줘라. 그러면 내가 영원히 너의 곁을 지킬게.' 이런 마음을 담아 '참으로 염치없는' 프러포즈를 했던 것이었습니다. 놀랍게도 그녀는 고개를 끄덕였습니다. 제 청혼 같지도 않은 청혼을 받아준 것이었습니다. 그 이후로는 모든 것이 일사천리로 진행되었습니다. 모든 것이 잘 준비되었다는 것이 아니라 아무것도 준비할 것도, 준비할 수도 없었기에 역설적으로 별다른 어려움이 없었다는 얘기였죠. 가진 것이 없어도 너무 없었기에 별달리 할 것이 없었습니다. 유일하게 남은 난관이라고 한다면, 예비 장인어른께 허락을 받는 일이었습니다. 그런데 불가능할 것 같았던 그 허락은 뜻밖에도 너무나 우연히, 그리고 쉽게 떨어졌습니다.

　명절날이었습니다. 명절 인사도 드리고 결혼 허락도 받을 겸 원주에 갔습니다. 예비 처갓집에 들러 '내가 어떠한 사람이고 앞으로 따님과 함께 어떻게 알콩달콩 잘살지'에 대해 한참을 이야기했는데, 예비 장인어른께서는 별다른 말씀이 없으셨습니다. 사람 자체는 마음에 들어 하시는 것 같은데, 워낙 가진 게 없는 집안 출신에 현재로서는 손에 쥔 것도 없어 보이니 공연히 딸을 데려가서 고생만 시키지 싶으신 듯했습니다. 그렇게 확답을 받지 못하고 다시 서울로 돌아와야 했습니다.

그런데 문제가 생겼습니다. 무슨 생각에서였는지 올라오는 차표를 미리 끊어놓지 않은 것이었습니다. 다음 날 출근을 하려면 반드시 그날 꼭 올라와야 했는데, 모든 시간대 차표가 매진이었습니다. 터미널까지 배웅을 나오셨던 예비 장인의 얼굴에도 낭패인 기색이 역력했습니다.

그러나 정작 차표가 필요한 당사자였던 저는 태연하게 원주 시외버스 터미널 한쪽에 있던 동부고속 사무실 문을 열고 들어갔습니다. 한 차례 호흡을 가다듬은 뒤 사무실 안이 쩌렁쩌렁 울리도록 크게 인사부터 했습니다.

"안녕하십니까? 저는 한의상이라는 사람입니다!"

이후로는 이야기가 술술 흘러나왔습니다. 결혼할 여자와 같이 예비 처갓집에 인사를 드리러 왔다 오늘 중 서울로 올라가야 하는데 차표가 없어 돌아가지 못하고 있으며, 아직 결혼 승낙 여부를 결정하지 못한 예비 장인어른께서 저 밖 터미널 대합실에서 '이놈이 과연 표를 구해 오는지 두고 보자'며 지켜보고 계시다고 말했습니다.

처음에는 '이 사람 뭐지?' 하는 표정으로 뚫어지게 저를 쳐다보던 사무실 직원들은 이어진 저의 너스레에 이내 파안대소를 터뜨리고 말았습니다. '됐다!' 저는 속으로 일이 잘 풀릴 것을 직감했습니다. 넉살 좋은 제 태도와 구수한 이야기에 경계심을 풀고 저를 대하기 시작하는 직원들을 보며 저는 고개를 꾸벅 숙이며 마지막으로 부탁을 했습니다.

"표 두 장만 구해주십시오. 제가 바깥에 있는 저 원주 아가씨와 결혼으로 보답하겠습니다!"

어떻게 되었을까요?

사무실을 나오는 저의 손에는 서울행 버스표 두 장이 쥐어 있었습니다! 그리고 그 티켓은 곧 결혼 승낙이라는 목적지까지 저를 태워다 준 '결혼 티켓'이 되었습니다. 원주에서 오랫동안 택시 운수 사업을 하시며 온갖 사람을 다 만나보셨던 예비 장인어른은 그날 터미널에서의 제 모습을 보고 '저놈은 하고 싶은 일이 있으면 도둑질이나 강도질 빼놓고는 정말 열심히 할 것 같다'는 믿음이 생기셨다고 합니다. 훗날 전해 들은 얘기지만, 결국 이날의 그 티켓 두 장이 저를 제 아내와 함께 식장으로 들어서게 한 입장권이 되었습니다. 장인어른께서는 이날 이후 '저놈이 지금 비록 손에 쥔 건 없지만, 어떠한 일이 있어도 자기 식구들은 굶어 죽이지 않겠구나'라는 확신이 들어 결혼을 승낙했다고 합니다. 그 믿음은, 장인어른께서 돌아가시던 순간까지 이어졌습니다. 장인어른께서 눈을 감으시기 직전 처남들을 불러, "앞으로 무슨 일이든 꼭 한 서방과 상의해라"는 말을 남기셨을 정도였습니다. 저 역시 그런 믿음에 부응하기 위해 늘 최선을 다했습니다.

그때, 원주 터미널에서의 제 모습을 모르는 사람이 보면 '무법자'와도 같다고 할 만했습니다.

이글스(Eagles)가 부른 〈데스페라도(Desperado)〉라는 노래가 있습니다. 이 '데스페라도'라는 단어는 이후 안토니오 반데라스가 주연을 맡은 영화의 제목으로 또다시 등장하는데, 데스페라도는 바로 우리말로 '무법자'라는 뜻입니다. 1849년 미국 캘리포니아에서 처음으로 금이 발견된 이후 서부 개척 시대가 본격적으로 시작되었는데, 모두가 일확천금을 노리며 날뛰던 그때 극성을 부렸던 것이 애팔레치아 산맥을 넘나드는 대륙횡단 철도에 뛰어들어 약탈을 일삼았던 열차 강도들이었습니다. 그들은 열차가 속도를 줄이는 구간에 접어들면 말을 타고 열차에 접근해 비슷한 속도로 달리다가 그대로 열차에 뛰어들어 승객들의 금품을 털고 유유히 사라지고는 했습니다. 그러나 말이 쉽지 흔들리는 말에서 빠른 속도로 달리는 열차로, 다시 돈자루를 들고 열차에서 말로 몸을 던지는 것은 목숨을 건 행위였습니다. 실제로 이때 수많은 열차 강도들이 목숨을 잃었다고 합니다. 그런 무모한 행동을 보며 사람들이 그들에게 붙여줬던 이름이 바로 '데스페라도'였습니다.

그러나 그들에겐 그럴 수밖에 없었던 까닭이 있었습니다. 그렇게라도 목숨을 걸지 않으면 자신을 포함한 자신의 가족들이 굶기 때문입니다. 금광의 개발로 먹고살 터전도 잃고, 외지에서 몰려온 값싼 노동력에 밀려 더 이상 먹고살 것이 없어진 그들의 절실함이 그들을 무법자로 만들었습니다. 절실함과 간절함을 뜻하는 영어 단어 '데스퍼레이트(desperate)'가 무법자를 뜻하는 '데스페라도'라는 단어의 뿌리가 된 것은 우연이 아니었습니다.

원주 시외버스 터미널에서 그렇게 너스레를 떨며 표를 구해달라 부탁한 것도, 천방지축 무법자처럼 보일 수 있었던 그 행동들도 절실함에서 비롯된 것이었습니다. 그랬기에 난생처음 본 고속버스 회사 직원이 이곳저곳 수소문을 해서 티켓을 구해줬던 것입니다.

그런데 우리 주위를 살펴보면 그런 '절실함으로 무장한 무법자'들이 꽤 있습니다.

보통 사람들 눈으로 보면 '어떻게 저런 사업을 할 수가 있지?', '어떻게 저런 제품을 만들어낼 수가 있지?' 혹은 '어떻게 저런 서비스를 저 가격에 제공할 수가 있지?'라는 의문이 들 법한 시도로 시장을 석권하고 산업을 주도하는 이들이 있습니다. 그 모든 것의 근원에는 '절실함'이 있습니다. '할 수 있을까?' 혹은 '해도 될까?'라고 자신에게 물어볼 시간에 '반드시 해내야만 한다'를 반복적으로 되뇌며 절실하고 간절하게 시도하는 무법자들….

하버드대학에 합격하고도 새로운 세상이 열리고 있다며 과감히 자퇴를 하고 당시로서는 생소한 컴퓨터 운영체제 개발 회사를 설립한 빌 게이츠(Bill Gates)도, 그로부터 20여 년 뒤 역시 같은 대학을 중퇴하고 페이스북(Facebook)을 창업한 마크 저커버그(Mark Zuckerberg)도, 대학 졸업 후 잘나가는 금융회사 직원으로 일하다 돌연 사표를 내고 낡은 나무 문짝을 테이블 삼아 도서 통신판매 회사를 차린 제프 베조스(Jeff Bezos)도, 거대 기업조차 운영을 버거워하던 온라인 결제 서비스를 제공하고 국가조차 힘들어하던 전기차와 우주개발 사업을 진행 중인 엘론 머스크(Elon Reeve Musk)도, 모두 무법자들이었습니다.

그리고 지금까지도 그랬지만 앞으로는 더더욱 그런 무법자들의 천지가 될 것입니다.

03

세상에서 가장 하얀 얼굴의 새신랑

눈앞에 별이 번쩍였습니다.

"결혼은 뭔 놈의 결혼이야!"

발아래에는 밥그릇이 뒹굴고 있었고, 바닥에는 밥그릇에서 쏟아져 나온 밥풀들이 여기저기 흩뿌려졌습니다. 아주 난리도 그런 난리가 없었습니다. 아버지가 던진 밥그릇이었죠. 아침부터 거나하게 약주를 드신 아버지는 제 얼굴을 보자마자 드시던 밥그릇을 집어 던져버리셨습니다. 정신을 차리고 보니 밥그릇으로 맞은 부위가 슬슬 아파오기 시작했습니다. 만져보니 부어오르기 시작하는 듯했죠. 아침 8시쯤의 일이었습니다. 아픈 것도 아픈 것이지만 정작 문제는, 앞으로 몇 시간 뒤인 11시에 제가 결혼식장에 가야 한다는 것이었습니다. 그것도 다른 하객이 아닌 신랑으로 말이죠.

아버지는 아직도 술이 덜 깼는지, 아니면 분이 덜 풀려선지 이번에는 고래고래 고함을 지르기 시작했습니다. 장남이라는 놈이 집안 사정은 고려해보지도 않고, 앞으로 어떻게 살지 생각지도 않은 채 덜컥 결혼하겠다고 나선 것이 괘씸하다는 것이었습니다.

그렇다고 아버지께 대들 수도 없었습니다. 정말로 당시의 제 상황이나 집안 형편이 막막한 것은 사실이었기 때문입니다. 안 그래도 전날에는 동생이 술에 취해 들어와 아버지와 비슷한 내용으로 한바탕 집을 뒤집어엎어 놓은 터였습니다. 지금은 조금 덜하지만, 저희 때까지만 하더라도 온 집안이 힘을 모아 장남 하나 잘 키워놓으면 장남은 아버지를 대신해 집안을 건사하고 동생들을 돌봐야 하는 것이 일종의 암묵적 룰과 같은 것이었거든요.

초등학교 졸업장이 전부였던 아버지는 친지의 권유로 해병대에 입대했다가 전역해서는 잠깐 친지가 운영하던 양조장에서 일하시다 청소부 생활을 하신 분이었죠. 지인의 소개 덕분에 몇몇 청소부들을 관리하는 이른바 청소 반장 역할을 하셨는데, 당시만 하더라도 지금처럼 체계적으로 환경 미화 활동이 이뤄지고, 비용 역시 체계적으로 잘 거둬 공정하게 배분하던 때가 아니었습니다. 담당하는 청소 구역도 제각각이었는데, 어떤 구역은 넓고 나오는 쓰레기 양도 많은 반면 청소비가 잘 안 걷히는 데가 있었고, 어떤 구역은 쓰레기 양은 적은 반면 식당이나 상점들이 많아 명절 떡값이나 수고비 명목의 부가 수입을 기대할 수 있었습니다. 그 담당 구역을 정해주는 것이 반장의 역할 중 하나였습니다. 또한 집집마다 청소비와 명절이나 연말연시가 되면 챙겨주는 떡값 등도 제각각이었는데, 그걸 거둬 청소부들에게 공평하게 나눠주는 것도 반장의 역할이었습니다. 또 그만두는 사람이 생기면 그 자리를 채울 사람을 구하는 데 입김을 넣을 수 있는 것도 반장이었습니다.

작고 비루한 세계이지만 엄연히 그 세계에도 권력은 존재했습니다. 당연히 일반 청소부들은 아버지에게 잘 보이기 위해 청소를 마칠 시간이 되면 탁주를 사 들고 대기하곤 했습니다.

새벽 4시가 되기 전 집에서 나간 아버지는 그런 접대들을 받고, 늘 11시 무렵이면 술에 취해 동네 초입부터 고래고래 소리를 지르며 집으로 오시고는 했습니다. 이날만큼은 아들의 결혼식이라 일을 나가시지 않아 아침 밥상을 집에서 받았는데, 습관처럼 반주로 술을 드신다는 게 늘 그랬듯 과음으로 이어졌고 분에 못 이겨 이날 장가를 가야 할 아들의 면상에 밥그릇을 던져버리고 만 것이었습니다.

사실 아버지가 술이 과해 좀 심하신 부분이 있었지만 말씀만큼은 틀린 것이 없었습니다. 당시 제 상황은 덜컥 '장가를 가겠다'고 나설 형편이 아니었습니다. 전염성이 있던 제 폐병은 치료를 받는 과정에서 동생과 누나에게 모두 전염되어 한동안 집안이 초토화되었습니다. 겨우 병세가 잡히며 얻게 된 직장 생활 역시 확실한 수

입원이 되어주지 못했습니다. 생활은 불안정했습니다.

그럼에도 어떻게 해서든 결혼을 해야겠다고 생각한 것은, 그 당시 결혼이 제게는 '희망'이었기 때문입니다. 어머니는 항상 편찮으시고, 누나는 집을 떠나 대구에서 살고 있고, 저는 병약해서 골골대고, 동생들은 제대로 공부도 하지 않고 말썽만 피우는 집. 이런 집에 희망이 있을 리 없었습니다. 아버지께서 매일 술을 드시는 것도 결국은 아무런 희망이 없기에 그러시는 거라 생각했습니다. 그런 우리 집에 외모와 마음씨 모두 고운 아름다운 아내이자 어여쁜 며느리이며 현명한 형수가 되어줄 사람이 새 식구로 들어와 준다면 모두가 다시 희망을 갖게 될 거라는 생각을 했습니다.

그러나 문제는 모아놓은 돈이 한 푼도 없다는 것이었습니다.

"결혼을 해야 하는데 살 집이 없습니다. 집 좀 구해주십시오."

아무것도 없는 폐병 환자에게 귀한 딸과의 결혼을 허락해준 것만도 대단한 결심을 하셨을 장인어른께 다짜고짜 '전세금 좀 달라'고 손을 내밀었습니다. 장인어른께서는 어이없어 하시면서도 이미 결정된 혼사를 그르칠 수 없다는 생각이셨는지 전세 자금을 마련해주셨습니다. 결혼식 비용 역시 처갓집에서 부담하기로 했습니다. 기타 잡다한 비용은 어머니와 제 지인들이 축의금 조로 지불하기로 했지요.

지금 생각해보면 왜 그렇게 대책이 없었고, 어쩌면 그렇게 무모했나 싶습니다. 그러나 그런 무모함이 그 전은 물론 그 이후로도 제 삶을 꿰뚫는 사고와 행동의 방식이었고, 어찌 보면 저만의 성공 비결이었습니다.

'무모(無謀)하다'라는 말은 '없을 무(無)'자에 '꾀 모(謀)'자를 써서 '꾀가 없음'이라는 뜻으로 쓰이다가 '어떠한 행동을 하는 데 있어 책략이나 방도가 없음'을 뜻하는 말로 쓰여 종국에는 '아무런 대책(계획)이나 생각(책임감) 없이 일을 저지르는 것'을 의미하는, 다소 부정적인 느낌으로 쓰이고 있습니다. 그런데 과연 꼭 그렇기만 한 것일까요?

앞서 잠깐 언급했지만, 《이솝우화》에는 '여우와 신 포도'라는 얘기가 있습니다. 어느 날 여우가 길을 가다 탐스럽게 익은 포도나무를 발견했는데, 아무리 점프를 하고 발을 뻗어도 포도가 닿지 않자 한참 고민하더니 "분명 저 포도는 따봐야 시어서 먹지 못하는 신 포도일 거야"라며 가던 길을 갔다는 것이 이야기의 주된 줄거리지요. 실제 현대를 사는 우리 주변에도 수많은 '신 포도'와 '여우'들이 존재합니다.

매번 "뭐 돈 벌 건수가 없나?", "뭔가 벌려볼 사업이 없나?", "새롭게 시작할 장사 아이템이 없을까?"라며 '달콤한 포도'를 찾아 헤매다가 정작 매달려 있는 포도를 발견하면 "저건 분명 관련 법령이나 규제 사항이 복잡할 거야"라거나, "저건 이미 선발주자가 많이 들어와 있어서 경쟁이 치열할 거야"라거나, "저건 사업화해봐야 힘만들지 수익률은 시원찮을 거야"라며 '신 포도'로 치부하고 마는 수 많은 '여우'들이 있습니다.

우리는 좀 '무모'해질 필요가 있습니다.

일을 어떻게 풀어나가겠다는 책략이나 문제가 생겼을 때 어떻게 대처하겠다는 방도는 분명히 필요합니다. 일을 어떤 순서로 해나가 겠다는 계획이나 그 일을 반드시 해내고야 말겠다는 책임감 역시 매우 중요하죠. 그런 것 없이 무조건 저지르고 보라는 의미에서 무 모해지라는 것이 아닙니다. 다만 어떠한 '하고자 하는 일'이나 '하 고 싶은 일'을 앞두고 수많은 경우의 수를 찾아내느라 정작 그를 실 행하고 실천할 결정적인 시기를 놓쳐버리고 후회하는 일을 하지 말 자는 것입니다.

꼭 필요한 일, 꼭 해야 할 장사, 꼭 시도해야 할 아이템, 꼭 이룩해 야 할 사업이라면 일단 기본적인 것을 우선으로 챙기고, 향후 진행 을 하며 상황에 맞춰 적절하면서도 신속하게 대처하는 것이 더 유 효하고 적절한 경우가 많습니다.

그런 의미에서, 이때 역시 제 인생 전반부에서 벌어진 무모함 가 운데 하이라이트가 아니었나 싶습니다.

술에 취한 아버지를 잘 다독여 진정시켰습니다. 그리고 얼른 씻 고 얼굴을 들여다보니 아까는 그냥 살짝 부어 보이기만 했던 맞은 부위가 퍼렇게 멍이 들어가고 있었습니다. 낭패도 이만저만 낭패가 아니었습니다. 그러나 이때 역시 아버지를 원망하거나 우리 집안의 가난을 탓하지 않았습니다. 이미 제게 주어진 상황은 있는 그대로 받아들이고 제가 선택할 수 있는 해결책을 찾기 시작했습니다. 그때 문득 어머니의 화장대 위에 놓여 있는 몇 개 안 되는 화장품들이 눈에 들어왔습니다. 그중에 어머니가 가끔 바르시던 싸구려 파운데이션이 있었습니다. 얼른 뚜껑을 열고 얼굴에 덕지덕지 발라보았습니다. 한참 두껍게 바르니 어색하기는 했지만 멍은 어느 정도 감출 수가 있었습니다. 덕분에 '감사하게도' 전 이날 결혼식장에 세상에서 가장 밝고 하얀 얼굴의 새신랑으로 입장할 수 있었습니다.

04

세상 모든 곳의 세일

결혼 후 3박 4일로 계획한 신혼여행지는 제주도였습니다. 친구가 결혼 기념 선물이라며 당시 물가로 20만 원이 조금 넘는 돈을 여행사에 지불해줘서 가능했던 여행이었습니다. 난생처음 비행기를 타고 제주도에 도착해 첫날밤을 보낼 수 있었습니다. 그러나 다음 날 저와 아내는 김포로 올라오는 비행기를 탔습니다. 둘이 싸웠다거나, 달리 무슨 심각한 문제가 있어서가 아니었습니다.

단 하룻밤이지만 행복했던 제주도 신혼여행을 마치고 서울로 올라왔습니다. 그러고는 신혼여행 상품을 판매한 여행사로 찾아가 '신혼여행 나머지 일정을 환불해달라'고 했습니다. 그날 여행사 담당자의 그 황당해하던 표정을 평생 잊을 수 없을 것 같습니다. 3박

4일짜리 신혼여행 상품을 단 하루 만에 다녀와서는 나머지를 환불해달라는 신혼부부라니…. '아마도 필시 남들에게 말 못 할 사연이나, 안 좋은 일이 있었나 보다'라고 지레 넘겨짚었던 것 같습니다. 말도 안 되는 환불 요청에도 직원은 순순히 왕복 항공권과 하루 숙박료 등을 제한 8만 원 조금 넘는 돈을 돌려주었습니다.

양가에다가 신혼여행을 3박 4일로 다녀온다고 했으니, 일찍 올라왔다는 사실이 알려지면 괜한 걱정을 하실까 봐 동대문에 있는 1박에 3000원쯤 하던 여인숙에서 이틀을 더 묵은 뒤 원래 제주에서 돌아와야 할 날짜에 맞춰 양가에 인사를 드리러 갔습니다. 그사이 저희 부부는 종로 등지의 금은방을 돌아다니며 얼마 되지 않지만 어머니가 다니시던 교회 신우회 분들께서 마련해주셨던 패물을 내다 팔았습니다.

"그래도 정표인데, 이거 하나만 저 남겨주시면 안 돼요?"라는 아내의 애원에 얇은 실가락지 하나를 제외하고 나머지는 남김없이 싹 팔았습니다. 그렇게 만든 현금을 아버지 몰래 어머니께 가져다드렸습니다. 산더미처럼 쌓여 있던 집안의 빚을 조금이라도 갚으라는 뜻이었습니다. 이때 일을 생각하면 지금도 아내에게 미안하고 고마운 마음뿐입니다.

이처럼 요행히 꿈만 같이 결혼식까지는 치렀지만, 식이 끝난 뒤 다시금 제게 펼쳐진 삶은 결혼식 아침 밥상에서 술 취한 아버지가 던진 밥공기에서 떨어져 나와 널브러진 밥풀들과 조금도 다르지 않았습니다.

제게 주어진, 현실의 삶은 여전히 녹록하지 않았습니다. 무언가 획기적인 변화, 좀 더 파괴적인 삶의 혁신이 필요했습니다. 당시의 직장이었던 정신병원 상담사로 아무리 열심히 뛰어봐야 저를 붙들고 있는 삶의 굴레에서 한 발 이상 빠져나오기가 힘들어 보였습니다. 더군다나 가족의 일원이었다가 이제는 어엿이 한 가정의 가장이 되었기에 무언가 대대적인 변화를 결심해야 했습니다.

'무엇일까? 나의 삶을 변화시킬 수 있는, 새롭게 도전해볼 만한 영역은 무엇일까?'

제가 어떤 부분에 강점이 있고, 제가 어떤 일에 흥미가 있으며, 제가 어떤 영역에서 잘할 수 있는지에 대한 면밀한 분석이 필요했습니다. 생각 끝에 찾은 답은 사람… 사람이었습니다.

생각해보면 저는 어려서부터 '사람'을 대할 때 큰 강점이 있었습니다. 여러 사람과 함께할 때 가장 즐거웠고, 사람들과 부대끼며 이야기하는 것이 좋았고, 다른 사람의 장점을 찾아 그를 증진시켜 더 나은 사람이 되도록 돕는 것에 큰 보람을 느껴왔습니다. 앞으로 제가 해야 할 일이라면, 그런 저의 강점과 흥미와 역량을 십분 살릴 수 있는 일이어야 했습니다. 자신만의 강점이 무엇인지를 찾아낸 저는 그것을 가장 잘 활용할 수 있는 직종을 찾았는데, 그것은 바로 '영업(sales)'이었습니다.

영업이라는 세상에 처음 발을 들이게 된 계기는 무척이나 우연

적이었습니다. 병원에서 일하던 무렵, 3교대로 근무하고 비는 시간이면 종로에 나가 친구 집에서 가내수공업으로 만든 곰 인형을 노상에서 팔고 있었습니다. 그러나 생활에 큰 도움은 되지 않았습니다. 더 빨리 더 큰돈을 벌기 위해 보유하고 있는 자격증을 활용해 미국에 가서 일을 해야겠다는 생각을 했습니다.

뉴욕에서 식료품점을 크게 하고 있는 외삼촌이 있다는 얘기를 어머니로부터 전해 듣고 내심 '초기에는 그 외삼촌의 신세를 좀 지면 되겠다'라는 기대를 하기도 했습니다. 미국 비자를 신청하고 차근차근 주변을 정리하기 시작했습니다. 그러던 중 친구가 제게 제안 하나를 했습니다. 비자가 나오려면 시간이 걸릴 테니 비자가 나올 때까지만 아르바이트를 한번 해보지 않겠느냐는 것이었습니다. 나쁘지 않겠다는 생각에 친구의 소개로 잠시 일하게 된 곳이 ㈜에스프리라는 회사였는데, 그곳에서 본격적인 영업직의 삶을 맛보게 되었습니다.

한때 영어로 '영업' 또는 '판매'라는 말을 의미하는 'sale'의 어원이 우리말 '살래?'라는 말로부터 시작한다는 다소 황당무계한 얘기가 꽤 신빙성 있는 이야기로 들렸을 만큼 '영업' 또는 '세일즈'는 우리에게 매우 익숙해서 때로는 다소 무시해도 되는 하찮은 것으로 다뤄져 온 게 사실입니다. R&D나 생산관리, 재무회계나 마케팅 등의 업무에 비해 그저 체력과 성실함을 기반으로 안면과 친분을 앞세워 열심히 발로 뛰기만 하면 되는 것으로 여겨지기도 했죠.

그런 고정관념은 일정 부분 사실입니다. 우리가 '영업' 하면 바로 떠올리는 체력, 성실함, 안면과 친분…. 이는 영업 활동을 하는 데 반드시 필요한 요소들입니다. 그러나 그것은 비단 영업 업무에만 필요한 것이 아니라 우리가 이 세상을 살아가며 어떠한 일을 하든지 간에 반드시 필요한 것들입니다. 그럼에도 수많은 사람이 그토록 오랜 기간 동안 오로지 체력, 성실함, 인맥관리 등만을 영업의 요체라고 여겨온 까닭은 대부분의 사람이 '영업의 본질'에 대해 제대로 알지 못했다는 것을 입증합니다. '영업이란 무엇인지?', '어떻게 하면 영업을 잘할 수 있을지?'에 대해 제대로 알지 못하는 사람이 그저 그간의 속설이나 어림짐작으로 알고 있던 말들을 기반으로 단정하고 판단하니 그런 이야기들이 나온 것입니다.

그러나 영업은 반드시 양 날개로 날갯짓을 해야 가능한, 매우 고차원적인 활동입니다. 날개가 하나 달린 새는 없습니다. 새는 양 날개로 날아야 하늘로 날아오를 수 있습니다. 그런데 그것은 새만 그런 것이 아닙니다. 우리 인생도, 장사의 성패도, 사업의 성공도 모두 양 날개가 있어야 가능합니다. 특히 영업은 한쪽 날개만으로는 절대로 고객의 마음속으로 날아갈 수도, 높은 영업 실적으로 날아오를 수도 없습니다. 오직 양 날개로 힘껏 날갯짓을 할 때만 큰 힘 들이지 않고 오랫동안 높은 하늘을 날 수 있는 것입니다.

제 젊은 시절은 지독하리만큼 되는 일이 없고 참담할 만큼 가난하고 어려운 일상의 연속이었지만, 그 당시 배운 것들이나 스스로 깨우치고 세워온 세일즈 또는 삶의 철학들은 이후의 제 삶에 큰 힘이 되어주었습니다.

정규 학력은 중학교 졸업이 전부이고, 경력이라고 해봐야 조선소에서의 용접공 생활과 정신병원 상담사로 근무한 게 전부였던지라 처음 제가 영업을 하겠다고 나섰을 때 성공할 거라 기대한 이는 단 한 사람도 없었습니다. 그저 하는 일도 잘 안 풀리고, 빨리 큰돈은 벌고 싶고 그러니 '판매 수당이나 챙기려고 영업에 뛰어들었겠지'라는 편견과 오해만이 가득했습니다. 그러나 제가 누구입니까? 말 그대로 정신병원에 입원한 정신적으로 어려운 사람, 당시 표현대로라면 속칭 '미친 사람'까지도 어르고 달래서 제 사람으로 만들어낸, 진정 제 일에 '미친 사람'이 바로 저였습니다.

저는 입사 이후 말 그대로 '영업에 미친 사람'으로 살았습니다. '무언가를 파는 것'이 제 삶의 중심이 되었습니다. 비누도 팔고, 건강식품도 팔고, 화장품도 팔고, 닥치는 대로 다 팔았습니다. 물론 '닥치는 대로, 무조건, 마구' 팔았다고 해서 함량 미달의 상품을 아무에게나 은근슬쩍 속여가며 팔았다는 것은 아닙니다. 일단 제가 써봐서 '나라면 이 가격에 반드시 이 제품을 사용하겠다'는 확신이 설 때만 본격적으로 세일즈에 나섰습니다. 자기가 다루는 제품에 대한 '확신'만큼 세일즈맨에게 무서운 무기는 없습니다. 그런 무기를 갖추고 말 그대로 '닥치는 대로 팔기' 시작하자 제 실적은 무서울 만큼 치솟기 시작했습니다. 주위의 우려가 무색하게 단 한 달만에 회사 내 최고의 영업사원 중 한 명으로 꼽히기 시작했습니다. 그렇게 불과 1년 만에 급여에 각종 수당들을 합쳐 집 한 채를 장만할 수 있는 돈을 벌었고, 단기간에 승진을 거듭해 이사 자리에까지 올랐습니다.

그사이 회사에는 수많은 일이 있었습니다.

1980~1990년대 경제성장기에 창업 후 승승장구하거나 반대로 빛나는 시기를 뒤로하고 사라져간 수많은 기업이 그러하듯 매출과 영업이익 등의 실적은 들쭉날쭉 널뛰기를 계속했습니다. 또 최고경영자 리스크에다 수많은 규제와 법령에 매여 하루하루 위기가 아닌 날이 없었습니다. 한편으로는 수많은 기회가 있기도 했습니다. 어떤 이는 매일 '단군 이래 최대의 위기'라는 말을 입에 달고 살았고, 또 어떤 이는 날마다 '유사 이래 최고의 기회'라는 이야기를 했습니다. 늘 그렇듯 저는 이번에도 후자였습니다. 이미 남들 다 성공하고, 다 돈 벌던 시기에 지지리 지겨운 가난의 쓴맛을 봐도 너무 진하게 맛봐 왔던지라 저에게는 매일매일이 호황이었고, 하루하루가 기회였습니다. 그저 날마다 감사하다는 생각으로, 남들이 뭐라 하건 우직하게 제 할 일, 가야 할 길을 걸어 나아갔습니다.

얼마 뒤, 다른 기업에서 기획실장 자리를 주겠다며 스카우트 제의가 들어왔습니다. 전사 전략을 수립하고 경영관리를 하는 자리였는데, 그 일을 맡게 된 저는 또다시 혼신의 노력을 다했고, 결국 몇

해 뒤 계열사 사장 자리에까지 올랐습니다. 입사 이후 제가 거둔 성과와 평상시 제가 일하는 모습을 유심히 지켜보던 오너가 자그마하지만, 그래도 어엿한 별도 법인인 계열사의 대표이사 자리를 저에게 제안한 것이었습니다. 제 나이 서른한 살 때의 일이었습니다.

대표이사로 첫 출근하는 날. 사장실 창밖으로 펼쳐진 모습을 물끄러미 쳐다보다가 문득 저에게 질문 하나를 던졌습니다.

'잘할 수 있을까?'

길게 생각할 필요도 없었습니다. 잘할 수 있을 것 같았습니다. 아니, 잘해야 했습니다.

많은 이가 '영업'이라고 하면 R&D, 생산, 품질, 경영관리 등과 더불어 기업 활동의 부분 중 하나라고 생각하는 경향이 있습니다. '조직 경영', '사업 경영', '기업 경영' 식으로 쓰이는 '경영'이라는 단어에 비해 '영업'은 그저 '세일즈'라는 단어로 번역해 기업이 만든 제품이나 서비스를 그저 내다 파는 '판매'에 국한해서 생각하고는 합니다. 그러나 그것은 전적으로 우리의 오해이자 편견에 지나지 않습니다.

'영업(營業)'이라는 말은 '경영할 영(營)'자에 '일 업(業)'자를 붙여 만든 말입니다. 즉 '(세상만사 우리의 모든) 일을 되게끔 경영하는 것'을 말합니다. '경영'과 같은, 혹은 일반적인 경영의 뜻보다도 훨씬 더 크고 포괄적인 뜻을 담고 있죠. 영어로 '영업'이라 번역되는 'sale'이라는 단어 역시 마찬가지입니다. 비슷한 어근을 쓰는 수많은 미주, 유럽 구미 각국에서 'sal-'이라는 어근은 돈 또는 경제활동을 의미합니다. 즉 돈을 벌고 쓰는 온갖 우리 경제활동의 중심에 있는 것이 바로 '세일즈', 곧 '영업'이라는 말입니다. 그러한 영업의 본질을 꿰뚫고, 그 영업이라는 필드에서 최고가 되기 위해 각고의 노력을 해왔던 저였기에 당연히 한 기업의 경영 역시 잘 해낼 자신이 있었습니다.

05

해병대산에 오른 말더듬이

영업을 기가 막히게 잘해서 '영업의 달인', '영업의 왕'으로 불렸던 사람이 이런 말을 했다고 합니다.

"영업은 열심히만 하면 누구나 할 수 있습니다. 말더듬이만 아니라면."

물론 말을 더듬는 사람을 비하하려고 한 말이나 말더듬이는 영업을 할 수 없다는 뜻으로 한 말이 아니라, 영업은 열심히만 한다면 누구라도 할 수 있다는 의도로 한 말일 것입니다. 그러나 저에게는 그렇게 들리지가 않았습니다. 왜냐하면 제가 심하게 말을 더듬었기 때문입니다.

어린 시절 저는 심하게 말을 더듬었습니다. 약간 말을 더듬는 편이었던 어머니 영향을 받은 듯합니다. 저는 보통의 말더듬이와 다르게 말에 박자를 넣어 말하는 습관이 있었습니다. 즉 상대방의 말에 대꾸를 할 때 바로 말이 안 나가고 한참을 버벅거린 뒤에야 말이 나가기 시작하는데, 다시 그 말들이 일정한 박자에 맞춰 빨리 나갔다 늦게 나갔다를 반복하는 식이었습니다. 게다가 'ㅂ'과 'ㅅ' 발음이 제대로 구사되지도 않았습니다. 그래도 평상시에는 괜찮았는데 다른 사람 앞에 서서 이야기를 해야 할 때나 어른 앞에서 바로바로 답을 해야 할 때 부쩍 그 증상이 심해졌습니다.

말을 더듬는 제 언어 습관 덕분에 웃지 못할 에피소드도 많았는데, 초등학교 시절 같은 반에서 39번인 저의 바로 앞 번호였던 38번인 친구 역시 약간의 언어장애가 있었습니다. 그 때문에 선생님이 출석을 부르실 때면 그 친구와 저는 잔뜩 긴장해서 손바닥으로 자기 허벅지를 치거나 혀를 반복적으로 날름거려가며 박자를 맞추다가 어렵사리 '네!', '예!'라고 대답을 했고, 그런 우리 둘을 쳐다보며 반 친구들은 박장대소를 하기 일쑤였습니다.

학창 시절의 말 더듬는 습관이야 그저 친구들의 놀림감만 되지 않으면 별다른 문제가 아니었지만, 사회생활을 하면서부터는 문제가 되었습니다. 특히 사람을 만나 '대화'라는 무기로 상대와 교섭해야 하는 영업맨들에게는 생계를 위협하는 심각한 문제였습니다. 물론 말을 할 때 조금 더듬거리거나 서툴게 하더라도 의미 있는 내용을 진심을 담아 전달하는 것이 더 중요하다는 사실을 모르는 것은 아니었습니다.

　왼쪽 안면근육 마비와 한쪽 귀의 청력을 잃어서 어눌한 발음을 구사했던 캐나다의 장 크레티앙(Jean Chrétien) 자유당 당수는 "말도 제대로 못하는 사람이 어떻게 캐나다의 대표로 국민들 앞에 서고, 외국 정상들을 만날 수 있단 말입니까?"라며 공격해오는 상대 당 당수에게 "저는… 말은 잘 못하는 대신, 거짓말을 하지 않습니다"라는 단 한마디로 희대의 반격을 가하며 1993년 제20대 캐나다 총리로 취임한 바가 있습니다.

　저 역시 말은 잘 못해도 거짓말은 하지 않았습니다. 그러나 말 더듬는 습관이 영업에서 분명한 장애가 될 것이 뻔히 보이는 이상 고치지 않고 내버려둘 수는 없었습니다. 하지만 수십 년간 입에 밴 습관이 쉽게 바뀔 리가 만무했습니다. 주위에 물어봐도 말 더듬는 건 쉽게 고쳐지지 않으며, 한 번 고쳐지더라도 금세 다시 원래대로 돌아온다는 것이 대다수의 대답이었습니다.

　그러나 저는 포기할 수 없었습니다.

　그러다 저와 비슷한 한 사람의 이야기를 듣게 되었습니다. 그는 평생소원이던 육군 장교의 꿈을 이루고자 육군사관학교에 지원했고, 우수한 성적으로 합격한 뒤 정식 입학을 앞두고 4주간 진행되는 가입교 훈련을 받게 되었습니다. 이때는 기초적인 훈련을 받으며 군인으로서 기본적인 소양을 갖추고 있는지를 검증 받는 기간이었습니다. 그런데 어느 날 그는 훈련을 담당하고 있던 훈육장교로부터 청천벽력과도 같은 말을 들었습니다. 입교 후 한 주 동안 그를 면밀히 관찰했는데, 거수경례를 할 때 손가락이 제대로 붙지 않아 손바닥이 반듯이 펴지지 않고 엉성하게 펼쳐진다는 것이었습니다.

사실 그는 어린 시절 동네에서 놀다가 손을 크게 다친 적이 있었는데, 그때 손가락이 약간 굽은 채 그대로 굳어져버린 것이었습니다. 훈육장교가 예리하게 이를 포착한 듯했습니다. 경례할 때 손 모양이 다소 어색한 것이 뭐가 대수일까 싶지만, 경례는 군인의 모든 생활의 기본이었습니다. 그것도 장교라는 사람이 경례 하나도 제대로 못한다면 병사들 앞에서 영(令)이 제대로 설 리가 없었습니다. 훈육장교는 시간 낭비하지 말고 자진 퇴교를 하는 것이 어떻겠냐고 물었습니다. 그러나 그는 평생의 소원이던 육군 장교의 꿈을 버릴 수가 없었습니다. 정식 입학식까지 남은 3주간의 시간을 달라고 했습니다. 그때까지 어떻게 해서든 경례하는 손 모양을 고쳐 오겠노라고 다짐했습니다. 훈육장교는 별 기대 안 하는 표정으로 알아서 하라고 했습니다.

다음 날부터 그의 노력이 시작되었습니다. 그는 새벽 3시에 몰래 일어나 어렵사리 구한 기저귀 고무줄을 손가락에 칭칭 묶고 거울을 바라보며 거수경례 연습을 하기 시작했습니다.

"하나, 둘, 셋, 넷… 천백삼십이, 천백삼십삼…"

대충 하는 것이 아니라 평상시 경례보다 훨씬 더 공을 들여 자세를 연습했습니다. 힘을 주어 팔을 올리고 내리는 동작 탓에 삽시간에 온몸이 땀으로 푹 젖어버리고 나중에는 더 이상 팔을 들어 올릴 수 없을 정도가 되었지만, 그는 매일 새벽 3000번의 거수경례를 마치고 나서야 비로소 잠에서 깬 다른 동기들과 함께 새벽 점호를 나갔습니다. 그러나 다쳐서 한 번 잘못 굳어진 손가락이 날마다 경례 연습 3000번을 한다 하더라도 똑바로 펴질 리가 없었습니다. 그럼에도 그는 하루도 빼먹지 않고 새벽 경례 연습을 이어나갔습니다.

그렇게 3주가 지나 입학식을 하루 앞둔 전날 저녁, 그는 훈육장교와 훈육관을 앞에 두고 초유의 경례 테스트를 받게 되었습니다.

"충! 성!, 충! 성!, 충! 성!"

지시에 따라 몇 차례나 거수경례를 반복했습니다. 훈육장교와 훈육관 누구도 말이 없었습니다. 잠시 후 그에게 자진 퇴교를 권유했던 훈육장교가 그의 어깨를 툭툭 치며 지나갔습니다. 다음 날 그는 동기들과 함께 입학식에 참석할 수 있었고, 이후 그는 대장 계급까지 달고 김대중 정부 시절 육군 내 최고의 자리에 오르게 되었습니다.

실제로 그의 손이 3주 만에 똑바로 펴졌는지는 알 수 없습니다. 그러나 분명한 것은 그에게는 '반드시 육군 장교가 되고 싶다'는 지극한 뜻이 있었고, '날마다 3000번의 경례를 해내고야 마는' 지독한 실천력이 있었다는 것입니다. 그런 지극함과 지독함은 때로는 우리가 머릿속으로 하는 계산만으로는 도저히 가늠할 수 없는 기적을 만들어냅니다.

저 역시 지극함과 지독함이라고 하면 일가견이 있는 사람이었습니다!

지금의 금호동이야 완전히 재개발되어 고층 아파트들이 들어선 풍요로운 마을이 되었지만, 제가 그 근방에 살았을 때만 하더라도 산등성이마다 블록 벽체에 슬레이트 지붕을 얹은 초라한 집들이 빽빽하게 들어선 산동네 빈촌이었습니다. 그 마을에는 예전에 부대가 주둔했던 곳이라 하여 '해병대산'이라고 부르는 야트막한 야산이 하나 있었는데, 아침에 눈을 뜨면 아내의 손을 잡고 그 산을 올랐습니다.

그런데 이 해병대산에는 잊지 못할 사연이 하나 담겨 있습니다.

아내와 연애하던 시절, 처음으로 해병대산 기슭에 있던 집으로 부모님께 인사를 시켜드리기 위해 당시 애인이던 지금의 아내를 데리고 오른 기억이 있습니다. 산동네여도 택시나 버스를 타고 큰길에 내려 좁은 골목길을 따라 쭉 올라오면 됐지만, 저는 굳이 아내를 데리고 산 둘레를 빙빙 돌아 산길로만 걸었습니다. 가는 길 곳곳에는 웅덩이와 울퉁불퉁한 돌밭이 있었고, 심지어 가시덤불과 군용 철조망까지 쳐 있었습니다. 어른들께 인사를 드린다고 한껏 차려입은 젊은 아가씨를 데리고 마치 유격 훈련하듯 산속을 헤맨 끝에 집에 데려간 것이었습니다.

매일 술에 취해 지내는 아버지에다 병약한 어머니, 여러 명의 시동생과 시누이에 가난한 살림살이…. '과연 이런 형편의 집안에 들어와 살 수 있는지, 이런 환경을 감당해야 할 텐데…'라는 젊은 날의 생각으로 본의 아니게 아내는 결혼 전부터 이곳 해병대산에서 한바탕 해병대 훈련을 치러야 했습니다.

그런 나름의 사연이 어린 해병대산에 올라서는 고함을 질렀습니다. 처음에는 아무 소리나 마구 고함을 지르다가, 이후에는 머릿속에 떠오르는 시 구절이나 명문장 등을 대충 기억나는 대로 외쳤습니다. 당연히 말문이 트이지 않았습니다. 목소리에 힘을 주면 줄수록 버벅거림은 오히려 더 심해졌습니다. 그래도 저는 멈추지 않았습니다. 무려 2년간 빼먹지 않고 해병대산을 올랐습니다.

그러자 어느 날부터인가 조금 다른 것이 느껴졌습니다. 과거에는 말을 한 번 시작하려면 경운기 시동 걸듯 '더더더더', '뭐뭐뭐뭐' 소리를 여러 번 내다가 비로소 말문이 트이던 것이, 언젠가부터 말을 해야겠다고 마음먹으면 바로 물 흐르듯 터져 나오기 시작했습니다. 그토록 애를 먹이던 'ㅂ'과 'ㅅ' 발음도 마찬가지였습니다. 완벽하지는 않지만, 그래도 다른 사람 앞에서 책잡히지는 않을 정도로 듣기 좋게 발음되었습니다.

'진인사대천명(盡人事待天命)'이라는 말이 있습니다. 원래는《삼국지연의(三國志演義)》의 적벽대전(赤壁大戰)에서 조조를 추격해 죽이라는 명을 받고도 그를 놓아준 관우를 벌하기 위해 참수형을 준비하던 제갈량을 유비가 눈물로 만류하자 제갈량이 한숨을 쉬며 읊었다던 '수인사대천명(修人事待天命)'에서 파생된 말로 알려져 있습니다.

한 글자를 제외하면 똑같은 문장이지만 그 뜻은 조금 다릅니다. '수인사대천명'은 '내가 사람으로서 할 수 있는 방법을 모두 쓴다 할지라도 목숨은 하늘의 뜻에 달렸으니 하늘의 명을 기다려 따를 뿐이다'라는 뜻을 담고 있습니다. 즉 '하늘의 명'에 방점이 찍혀 있어 사람의 노력보다는 하늘의 뜻이 중요함을 이야기하고 있습니다. 반면 '진인사대천명'은 '사람으로서 해야 할(할 수 있는) 일을 전력을 다해 해놓고 (나서야) 하늘의 뜻을 기다린다'라는 뜻을 담고 있습니다. 즉 '사람으로서 해야 할 일'에 방점이 찍혀 있어, 일단 스스로 할 수 있는 일을 지극하고 지독하게 하는 것이 중요함을 이야기하고 있습니다.

이를 헷갈려서일까요? 많은 이가 정작 '진인사대천명'을 이야기하고 실제로는 '수인사대천명'을 행하는 모습을 보이고는 합니다. 그러나 무언가를 이루고자 한다면, 또 기적과도 같은 도움이 필요하다면 가장 먼저 해야 할 일은 현재의 자신을 있는 그대로 받아들일 준비를 하고, 그에 대해 감사하는 것입니다. 그리고 자신이 할 수 있는 일에서 지극하고 지독하게 최선을 다하는 것입니다.

제3부

어쩐지 잘나간다 싶다가
대차게 넘어진 날에도
사람만 남았다

Quand il n'y a pas d'espoir,
c'est notre devoir de l'inventer.

그곳에 희망이 없다는 말은,

우리가 희망을 만들어야 한다는 말이다.

– 알베르 카뮈(1913~1960)

01

한 가지에의 지극함,
만 가지에의 다다름

그렇게 한동안 사업에 미쳐 살았습니다.

지금 생각해도, 이때처럼 하라면 '자신 없다'는 얘기가 먼저 튀어나올 정도로 참 열심히 일했습니다. '팔아야 한다'는 지시만 있으면 '가족'과 '나라'만 빼고 다 팔 수 있다는 자신감이 넘쳐흘렀습니다. 원이 없을 만큼 정말로 열심히 팔았죠. 한때 '사당오락(四當五落)'이라고 해서, 좋은 대학에 가려면 5시간을 자면 떨어지고 4시간을 자면 붙는다는 우스갯소리가 있었습니다. 저는 이때 몇 년간 한술 더 떠 '삼당사락(三當四落)' 생활을 했습니다. 영업 활동을 위해 사람들을 만나 새벽 한두 시까지 술을 마시고 접대를 하다 집에 들어와 잠깐 눈을 붙인 뒤 새벽에 다시 나가 영업 실적을 챙기는 생활을 몇 년간 이어나갔습니다.

　그렇게 영업이라는 업무에서 어느 정도 성취를 거둘 무렵, '이제는 한 번쯤 내 이름을 내걸고 내 사업을 해보고 싶다'는 생각이 들었습니다. 그러자 주위에서 만류하는 이야기들이 들려왔습니다. '월급쟁이' 생활과 '경영자' 생활은 천양지차로 다르다는 엄포 아닌 엄포가 제 귓전으로 퍼부어졌습니다. "영업을 하는 것과 기업을 경영하는 것은 엄연히 다른 영역의 일인데 한 대표가 너무 쉽게 생각한다"는 우려 섞인 말들이 넘쳐흘렀습니다. 저 역시 그 다름을 모르는 것은 아니었습니다. 그러나 그런 걱정과 우려를 넘어 반드시 성공을 해낼 수 있다는 자신감이 저에게는 있었습니다.

　그 자신감의 바탕에는 저의 '간절함'과 '지극함'이 있었습니다.

　몇 해 전 배우 현빈이 정조 임금으로 출연한 〈역린〉이라는 영화가 있었습니다. 영화에서 정조는 신하들을 불러놓고 경연(經筵)을 진행하며 신하들에게 《중용(中庸)》 제23장의 내용을 묻습니다. 그러나 정조의 과감한 개혁정책에 반발해온 신하들은 내용을 알면서도 모른 척 답을 하지 않습니다. 그러자 정조는 자신의 측근인 내관 상책에게 다시 《중용》 제23장의 내용을 묻습니다. 그러자 상책은 그 내용을 줄줄 읊습니다.

기차치곡, 곡능유성, 성즉형, 형즉저, 저즉명, 명즉동, 동즉변, 변즉화, 유천하지성 위능화(其次致曲, 曲能有誠 誠則形, 形則著, 著則明, 明 則動, 動則變, 變則化, 唯天下至誠 爲能化)

뜻풀이하자면 이렇습니다.

"성인은 모든 이치가 구석구석에 다 미치도록 매사에 지극하기가 이를 데가 없습니다. 왜냐하면 (잘 보이지도 않고, 들리지도 않는) 구석 구석의 부분에까지 지극하게 대하는 것, 그것이 곧 정성인데, 매 사를 정성스럽게 대하면 그것이 은연중에 밖으로 드러나게 되고, 밖으로 드러나면 밝아지고, 그 밝음으로 인해 감명 받은 사람들 이 생겨나 그들이 하나둘씩 늘어나면 세상이 변하게 됩니다. 그 리고 그렇게 세상은 변하고 변해서 더 좋은 세상으로 바뀌게 됩 니다. 그러므로 오직 천하에 지극한 성인들만이 세상을 보다 좋 게 바꿀 수 있습니다."

상책이 이를 읊는 장면은 영화 〈역린〉의 백미입니다. 이뿐만 아니 라 이 문장은 제 인생에 가장 큰 영향을 끼친 문장 중 하나입니다.

'치(致)'는 무엇인가에 푹 빠져 진심으로 전력을 다하는 것을 말 합니다. 여기서는 '자세한 일', '소소한 것'의 뜻으로 쓰인 '곡(曲)'자 의 앞에 붙어 '사소한 일에도 지극히 최선을 다하다'라는 뜻으로 쓰였습니다. 자세하고 소소한 일(曲)에 지극히 최선을 다하는 정성

(誠)을 기울이면 속으로부터 내공이 쌓여 새로운 형태(形)를 이루는데, 주자는 이 '형(形)'을 '적중이발외(積中而發外)'라 하여 '속으로 쌓여 밖으로 드러남'이라고 해석했습니다. 즉 처음부터 밖으로 보이는 부분을 의식해서 치장한 것이 드러나 보이는 것이 아니라 내적으로 충실하게 쌓아온 것이 본질적인 부분에 영향을 미쳐 밖으로 보이는 것까지 영향을 미친 상태라는 것입니다. 정확한 비유가 될지 모르겠지만, 단순히 얼굴에 비비크림이나 파운데이션 같은 화장품을 발라서 피부를 좋게 보이도록 만든 것이 아니라 몸에 좋은 음식을 먹고 운동을 열심히 해서 혈액순환을 좋게 하고 근육의 양과 질을 좋게 해 피부가 맑고 밝아지게 된 상태가 여기서의 '형(形)'인 것입니다.

세상의 이치라는 것이 '형(形)'이라 하면 당연히 두드러지게 드러나게(著) 될 것이고, 드러나면 밝을(明) 것이며, 밝아야 움직이게(動) 될 것이라는 겁니다. 그리고 그런 움직임이 진정한 변화를 불러일으키게 될 것이라는 게 《중용》 제23장의 주된 내용입니다.

그런데 이와 비슷한 내용을 《주역(周易)》의 〈계사전(繫辭傳)〉에서도 찾아볼 수 있습니다. 우리가 흔히 우리말처럼 사용하는 '궁즉통(窮卽通)'이라는 말이 바로 그것입니다. 그런데 사실 이 단어는 하나의 긴 문장을 축약해서 만든 단어입니다. 원문을 보면 다음과 같이 적혀 있습니다.

궁즉변 변즉통 통즉구

(窮卽變 變卽通 通卽久)

즉 "궁하면 변하게 되고, 변하면 통하게 되며, 통하면 오래도록 간다"는 말입니다. 여기서 주목해야 할 단어는 '변(變)'입니다. 즉 궁한 상황에 처한다고 해서 반드시 문제가 해결되는(통하는) 것이 아니라 궁한 상황에 처해 이제까지와 달리 '지극하게 함'이 있으면 그 영향으로 '변화'가 일어나고, 그러한 변화가 있은 이후에야 어려움이 해결되는 '통함'이 이뤄진다는 것입니다.

도올 김용옥 역시 《중용》 제23장을 해설한 글에서 이러한 '변화'의 메커니즘과 중요성에 대해 강조했습니다. 그는 자사(子思)의 말을 빌려 "우리가 말하는 '잘산다'라는 가치 속에 가장 중요한 것이 바로 '화(化)'이다"라고 했습니다. 즉 중용이란 단순히 적당한 가운데가 아니라 근원적으로 자기 자신을 끊임없이 변화시키는 데 있다는 것이 그의 주장이었습니다.

결국 이런 얘기들을 종합해서 《중용》 제23장을 해석해보면 결국 이렇게 됩니다.

"우리가 성공적인 삶을 살기 위해서는 근원적인 변화를 추구해야 하는데, 그러한 변화를 이루기 위해서는 (몸과 마음 모두가) 움직여야 하고, 그렇게 움직이기 위해서는 밝고 두드러지게 드러난

'본질적인 그 무엇'이 필요한데, 본질적인 그 무엇을 찾아내기 위해서는 작고 단편적인 일조차도 지극히 최선을 다해야 한다."

비슷한 이야기는 《성경》에서도 만나볼 수 있습니다. 구약의 첫 번째 책인 〈창세기〉 18장에는 마치 말장난과도 같은 구절이 등장합니다. 죄악으로 물든 도시 소돔(Sodom)과 고모라(Gomorrah)를 벌하려는 하나님은 용서를 구하는 아브라함(Abraham)에게 "의로운 사람 50명을 찾아오면 용서해주겠노라"고 말씀을 하십니다. 그러자 고민하던 아브라함은 "만일 5명이 부족한 45명밖에 의인을 못 찾으면 벌하실 겁니까?"라고 묻습니다. 그러자 하나님은 "아니다"라고 말씀을 하시죠. 그런데 아브라함이 다시 이야기를 합니다. "그럼 만일 5명이 더 부족한 40명밖에 의인을 못 찾으면 그때는 어떻게 하실 겁니까?"라고 묻죠. 하나님은 그 물음에 "40명을 구해오면 그로 말미암아 용서하고, 멸하지 않겠다"라고 너그러이 답해주시죠. 하지만 아브라함의 질문은 거기서 끝나지 않습니다. 30명, 20명, 10명까지 내려가기 시작합니다. 그럼에도 하나님은 "그만큼이라도 의인을 구해 오면 용서해주겠노라"고 약속을 해주십니다.

왜 그러셨던 것일까요? 그리고 《성경》의 중요한 구절에 이 이야기가 제법 많은 분량으로 적혀 있는 것은 어떤 이유에서일까요? 그것은 바로 자신의 조카인 롯(Lot), 그리고 그 롯이 살고 있는 소돔과 고모라를 멸망으로부터 구하고자 했던 아브라함의 지극한 마음을 하나님께서는 알고 계셨기에 그랬던 것이 아닐까요? 그리고 무엇이든 소원하는 것을 하나님께 구함에 있어 그저 쉽게 빌기만 하는 것이 아니라 자신이 할 수 있는 최선의 노력을 지극히 다해야 함을 후대의 우리에게 알려주고자 한 것은 아닐까요?

간절함과 지극함은 이토록 강합니다.

우리가 흔히 이야기하는 "하늘은 스스로 돕는 자를 돕는다"는 이야기 역시 스스로를 단순히 '돕는다(help)'는 의미가 아니라 하늘이 명분을 갖고 나설 만큼 스스로 '지극한 노력을 기울인다'는 의미로 풀이됩니다. 어떠한 한 가지에 대해 반드시 이루고야 말겠다는 간절함과 절실함을 갖고 작은 일 하나에도 지극함을 다하는 사람에게는 반드시 하늘이 복을 내립니다. 사람에 따라서는 이 '하늘'이 진짜로 하늘나라 어딘가에 계시는 신(god)일 수도 있고, 마음속에 계시는 석가모니이거나 먼저 가신 조상님일 수도 있습니다. 분명한 건 지극함에는 반드시 그 '하늘'이 내려준 보상이 따른다는 것입니다. 그리고 그 보상은 비슷한 혹은 전혀 다른 상황, 환경, 영역, 일에 있어서도 무언가를 이룰 수 있는 기회와 그 기회를 감당해낼 수 있는 능력입니다.

성공에 대한 저의 간절함과 지극함은 유통업 경영자라는 다른 영역으로 넘어가려는 저에게 가장 큰 무기가 되어주었습니다. 게다가 유통업은, 영업과 마찬가지로 '사람의 구매 행동'에 대해 긍정적인 영향력을 미치고, 그를 진작시키는 활동이라는 측면에서 전혀 동떨어진 일이 아니었습니다.

그렇게 이번에 저는 다시 유통업 경영자로 새롭게 '지극한 이야기'를 써나가게 되었습니다. 제 나이 서른네 살 무렵이었습니다.

02

호랑이를 잡으려면 어디로 가야 할까

서른네 살에 시작한 사업은 신기하게도 잘됐습니다. 처음에는 유통업으로 시작해서 점차 제조업으로 사업 영역을 확장해나갔는데, 전혀 다른 영역에서 전혀 다른 방식으로 접근해야 함에도 저를 비롯한 우리 직원들은 기가 막히게 대처를 잘 해나갔으며 운도 우리 편이었습니다.

그 무렵 이제 본격적으로 사업을 확장해야겠다는 생각이 들었습니다. 주변의 업계 정보가 빠른 선배나 동료 경영자들에게 의견을 물었습니다. 과연 어떤 제품이나 서비스가 유망하고, 어떤 산업이 전망이 좋은지 주위로부터 정보를 끌어모았습니다. 그런데 그때 가장 많이 들었던 이야기가 있습니다.

"야! 의상아, 호랑이를 잡으려면 호랑이 굴로 들어가야지."

수많은 선배 경영인들이 새로운 사업 영역으로의 진입과 과감한 투자를 권하며 꼭 덧붙였던 말입니다. 어찌 보면 '실천'과 '실행력'을 강조한 말로, 일리가 있어 보이기도 하지만 제게는 도저히 받아들여지지 않고 이해도 되지 않는 말이었습니다.

이 흔한 이야기는 원래 '불입호혈 부득호자(不入虎穴 不得虎子)'라는 고사의 뜻이 와전된 것으로, 우리말로 풀자면 "호랑이 굴에 들어가지 않고는 호랑이 새끼를 못 잡는다"는 말입니다. 이야기의 배경은 중국 후한(後漢) 시대까지 거슬러 올라갑니다.

당대 무인으로 이름을 떨치던 장군 반초(班超)가 심복 장수와 정예 병사 35명을 이끌고 서쪽 오랑캐(西戎)가 지배하던 나라에 사신으로 가게 되었습니다. "왕과 신하의 인연(君臣之緣)을 맺고 충성을 다짐하라"는 황제의 칙서를 전하자, 칙서를 받아 든 오랑캐 두목은 한 상 가득 술과 음식을 차려 반초 일행을 환대했습니다. 그런데 며칠이 지나자 눈에 띄게 홀대하는 것이 느껴졌습니다. 심지어 어제까지만 해도 존칭을 붙여 깍듯하게 대하며 죽으라고 하면 죽는 시늉까지 할 거라 생각되던 오랑캐 부족의 시녀들조차 함부로 대하고 부르면 들은 체도 하지 않는 것이었습니다. 이상한 낌새를 느낀 반초의 지시로 척후병이 몰래 정탐해보니 후한과 적대 관계에 있던 흉노족의 사신이 100여 명의 병사를 이끌고 반초의 일행이 머물던 거처의 바로 지척까지 와 있었습니다. 오랑캐 부족에게 후한과 동맹을 맺지 말고 자신들과 동맹을 맺으라고 협박 아닌 협박을 하기 위해 찾아온 것이었습니다. 자신들에게 충성을 맹세하면 후한의 사신을 죽이고 후한이 쳐들어오면 막아주겠다는 약속까지 내걸었다고 했습니다.

반초는 부하 장수들과 논의했습니다. 그냥 조용히 있다가 고국으로 돌아가자는 쪽과 흉노족 사신이 성안으로 진입하기 전에 먼저 선수를 치자는 쪽으로 의견은 정확히 반으로 갈렸습니다. 그러나 시간이 지날수록 점차 타국 땅이다 보니 수적인 열세를 무릅쓰고 무리수를 쓰기보다는 조용히 있다가 도망치자는 의견이 다수를 이뤘습니다. 그때 잠자코 있던 반초가 한 이야기가 바로 "호랑이 굴에 들어가지 않고는 호랑이 새끼를 못 잡는다(不入虎穴 不得虎子)"는 말이었습니다. 결국 반초와 35명의 용감한 군사들은 호랑이 굴, 즉 흉노족의 막사를 급습해 자신들보다 세 배나 더 많은 흉노족 병사들을 물리쳤습니다. 그 기세에 놀라 인근 50여 개 오랑캐 부족들도 후한을 섬기겠다고 맹세하게 되었습니다.

그로부터 생겨난 말이 "호랑이를 잡으려면 호랑이 굴에 들어가야 한다"는 말입니다. 그런데 두 이야기의 사이에는 미묘한 차이가 있습니다. 우선 반초가 처한 상황은 호랑이를 사냥할지 말지를 선택할 수 있는 상황이 아니라 호랑이에게 물려 죽느냐 그렇지 않느냐가 달린 절체절명의 위기 상황이었다는 점입니다. 그리고 그들이

노린 것은 호랑이가 아니라 반초의 말마따나 '호랑이 새끼'였습니다. 즉 '지금의 작은 위기를 방치해 큰 위기를 겪느니, 지금 조금 위험하더라도 위기의 싹을 자르는 것'이었습니다.

하지만 사업을 하는 사람에게 '호랑이 굴로 들어가는 것'은 전혀 다른 얘기였습니다. 호랑이는 도망갈 곳이 많은 드넓은 평원에서 만나도 공포스러운 존재입니다. 그런 맹수를 도망치거나 숨을 곳 하나 없는 좁은 굴로 들어가 잡으라니, 비유로 쓰인 말인 줄은 알지만 제게는 도무지 이해가 되지 않는 말이었습니다. 그렇다면 어쩌면 좋을까요?

만일 저라면 호랑이를 잡지도, 호랑이를 잡으러 굴로 들어가지도 않을 것입니다. 호랑이는 호랑이대로 맘껏 뛰며 사냥하도록 두고, 저는 그 호랑이 위에 살며시 올라탈 것입니다. 다 큰 백두산 호랑이는 한 번 점프하면 3미터 이상 뛰어오르고, 맘먹고 달리기 시작하면 시속 60킬로미터 이상의 속도로 내달릴 수 있는 것으로 알려져 있습니다. 산길을 가다 그런 호랑이와 마주치기라도 하면 일반인들은 물려 죽기 전에 먼저 심장마비를 일으키거나 실신을 한다고 합니다. 그런데 그런 호랑이가 제 눈앞에서 정면으로 달려든다면? 상상하기도 힘든 일입니다.

그런데 만일 그 호랑이의 등 위에 올라탈 수 있다면 이야기는 달라집니다. 제아무리 호랑이라도 등 위에 있는 상대를 물거나 할퀼 수는 없습니다. 떨어지지만 않으면 거기만큼 안전한 곳도 없습니다. 게다가 호랑이가 빨리 달리면 달릴수록 더 신나는 경험을 하게 됩니다. 수많은 무리들이 호랑이를 피해 혼비백산하니 손 안 대고 경쟁자들을 물리칠 수도 있습니다. 호랑이가 빨리 달리면 달릴수록 가고 싶은 곳으로 더 빨리 갈 수도 있습니다. 말 그대로 '호랑이 위에 탄 형국'을 의미하는 '기호지세(騎虎之勢)'가 바로 제 것이 될 수 있습니다.

화장실에 가면 흔하게 볼 수 있는 날파리를 한번 생각해볼까요? 그 날파리가 화장실에서 윙윙거리다 죽어서 하늘나라로 올라가 천사를 만나면 천사가 물을 것입니다. "너는 평생 무엇을 하다가 왔느냐?"고. 그러면 아마도 그 날파리는 이렇게 말할 것입니다. "평생을 남의 똥 냄새만 맡다가 저승에 왔다"고. 그런데 만일 같은 날파리지만 날아다니다 천리마의 등짝에 앉아 있다가 죽은 신세라면 그 물음에 아마도 이렇게 말할 것입니다. "빛의 속도로 천 리를 주유하다가 왔다"고. 같은 날파리의 삶이지만 어디에 올라타느냐, 어느 물에서 노느냐에 따라 인생에서 얻는 것과 삶의 가치가 이처럼 달라지는 것입니다.

시야를 어디에 두고, 어떻게 생각하며 의사결정을 하는지에 따라 '호랑이 굴로 제 발로 들어가 호랑이 밥 신세가 되느냐', '호랑이 등 위에 올라타 손쉽게 호가호위(狐假虎威) 해가며 기호지세를 만끽하느냐'가 결정됩니다. 시선을 바꾸면 두려움도 신나는 모험이 됩니다. 당연히 후자를 택하지 않을 이유가 없었습니다.

호랑이 굴로 들어가기보다 호랑이 위에 올라타기로 결정한 뒤 제가 주목한 곳은 한창 민영화를 추진하던 한국통신(지금의 KT)이었습니다. 한국통신이 앞으로 더욱 성장할 기업이라고 생각한 저는 '사람과 사람을 연결시키는' 통신사업의 전망에 대해 누구보다 큰 확신을 가졌습니다. 이후 사업 영역을 확장하며 한국통신의 망을 빌려 통신사업을 하는 별정통신사업자로 등록했습니다. 굴 안에 웅크리고만 있어도 초원의 최강자라는 소리를 듣던 한국통신이라는 '호랑이' 공기업이 민영화라는 새로운 변화를 맞이해 막 세상을 향해 달려 나가려 할 즈음이었습니다. 당시 감사하게도 저는 그 호랑이의 등 위에 올라타 '대한민국 최고의 별정통신사업자'로 함께 신나게 달려 나갈 수 있었습니다.

현재는 저와 같은 생각을 하고 '호랑이 등 위에 올라탄 이들'이 더 많아졌고, 그들이 무서운 기세로 승승장구하고 있습니다. 국내 최대의 포털 사이트를 넘어 게임·방송·쇼핑 등 다방면에서 엄청난 영향력을 미치고 있는 공룡 IT 기업 네이버, 일대일 메신저와 메일·커뮤니티 서비스를 제공하던 IT 기업 영역을 넘어 다양한 시도를 하고 있는 카카오, 그리고 그 외에도 수많은 인터넷 기반 기업들이 바로 그들입니다. 그리고 지금 이 순간에도 달리는 호랑이의 등 위에 올라탈 기회를 호시탐탐 노리고 있는 도전자들이 있습니다.

자, 여러분은 어떻게 하시겠습니까? 달려가는 호랑이를 피해 달음박질치시겠습니까? 그들의 등 위를 노리시겠습니까?

03

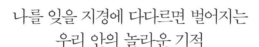

나를 잊을 지경에 다다르면 벌어지는
우리 안의 놀라운 기적

흔히 작가는 배고픈 직업이라고들 합니다. 위대한 작품을 남겨 세계적으로 이름을 떨친 유명한 작가들도 대부분 살아생전에는 날마다 끼니를 걱정해야 할 만큼 가난했던 것이 일반적이었습니다. 특히 과거에는 더 그랬습니다. 하지만 러시아가 낳은 세계적 대문호 톨스토이(Лев Никола евич Толсто й)는 과거 작가들로서는 드물게 자신이 살았던 시절에 이미 부와 명예를 모두 차지했던 인물입니다. 1869년 그의 나이 마흔한 살에 출간한《전쟁과 평화(Война и мир)》가 공전의 인기를 거두면서였습니다. 영웅 나폴레옹에게는 쓰라린 패배의 아픔이자 러시아인들에게는 세계에 러시아의 위대함을 알린 자랑스러운 역사인 '나폴레옹의 러시아 원정' 이야기에 말 그대로 프랑스를 제외한 전 유럽이 열광했습니다.

특히나 생생한 전장의 감흥을 담아내기 위해 드넓은 러시아의 전쟁 유적지를 무려 일곱 번이나 답사하고 참전자들을 인터뷰해써 내려간 장엄한 전쟁 이야기는 당시 사람들에게 요즘의 블록버스터 영화를 능가하는 독서의 쾌감을 선사했습니다. 덕분에 《전쟁과 평화》는 일부 사람들만이 읽던 소설책이 아니라 일종의 대중문화로 널리 퍼지게 되었습니다. 1840년대 말, 현대 인쇄기와 비슷한 모습의 윤전기가 발명되면서 기존에는 상상할 수 없었던 속도로 인쇄와 출판이 가능해졌고, 《전쟁과 평화》는 출간되는 족족 '완판' 행렬을 이어나갔습니다. 당연히 톨스토이는 이전의 작가들은 꿈도 꾸지 못했던 어마어마한 돈을 벌어들였고, 그 명성 역시 러시아를 넘어 전 유럽에 널리 알려지게 되었습니다.

그러나 그러한 부와 명예가 한창 드높아질 무렵인 1870년대 초·중반 톨스토이는 심각한 고민에 빠지고 맙니다. 그는 단순히 없던 돈이 생기고 낮았던 명예가 높아짐에 따라 뒤이어 온 상실감이나 교만함 탓이 아니었습니다. 그보다 더 깊고 심오한 본연적인 고민에 빠져들게 된 것이었습니다.

'삶은 무엇인가?'

'우리 인생의 의미와 목적은 무엇인가?'

그러한 고민의 흔적은 당시 그가 쓰고 있던 또 다른 작품에 고스란히 담겼습니다. 그 작품의 이름은, 이제는 너무나도 유명한 세계적 고전인 《안나 카레니나(Анна Каре́нина)》였습니다. 《안나 카레니나》의 내용 자체는 단순합니다. 안나라는 상류사회의 귀부인이 무심한 남편과의 무미건조한 삶에 실증을 느낀 나머지 젊은 장교였던 브론스키 백작과 불륜에 빠졌다가 그와의 사랑마저 실패하자 자살로 생을 마무리한다는 것이 대략적인 내용입니다. 그러나 그러한 스토리 사이에 등장하는 수많은 인간 군상과 그들이 홀로 또는 함께 만들어가는 이야기들을 통해 러시아를 포함한 유럽 사교계의 위선, 상류층 사람들의 비인간적인 모습, 평범하고 소박한 일상의 소중함 등을 때로는 담담하게 또 때로는 격정적인 문체의 글로 담아내 수많은 평론가들로부터 '인류 역사상 최고의 소설', '소설을 넘어선 완벽한 예술 작품', '세계 인류에게 길이 남을 문학유산'이라는 칭송을 받게 되었습니다.

그런 《안나 카레니나》에서 가장 유명한 문장은 이렇습니다.

> 행복한 가정은 모두 비슷한 이유로 행복하지만 불행한 가정은 저마다의 이유로 불행하다(Все счастливые семьи похо́жи друг на друга, каждая несчастливая семья несчастлива по-своему).

이 문장은 톨스토이의 책에서도 중요한 역할을 하지만 이후 수많은 세계적인 대문호, 철학가, 심리학자나 문화인류학자, 유명 연예인과 방송인들의 입을 통해서도 언급되면서 전 세계인이 《안나 카레니나》하면 바로 떠올리는 유명한 문장이 되었습니다.

그러나 저는 《안나 카레니나》를 읽을 때 그보다도 훨씬 더 감명을 받았던 장면 혹은 단락이 있었습니다. 그것은 바로 소설의 주인공 격인 안나나 브론스키가 아니라 조연 격인 레빈(Лёвин)이 등장하는 장면입니다. 교양 있는 시골 농장주였던 레빈은 세르바츠키 가문의 키티(Кити)라는 여인을 사랑하고 있었는데, 키티는 극중 또 한 명의 주인공이자 안나와 불륜에 빠진 브론스키를 남모르게 사모하고 있었습니다. 자신이 사랑하는 여자가 유부녀와 사랑에 빠진 불륜남을 짝사랑하는 상황에 심각한 자괴감을 느끼기도 했지만, 레빈은 자기 스스로를 가다듬어 생각을 정리한 뒤 키티에게 열렬히 구애해 결국 결혼을 하게 됩니다. 문제는 결혼 이후에도 한동안 두 사람은 진심으로 사랑하지 못하고, 때로는 서로를 의심하고 또 때로는 질투하며 미워하고 시기하는 등 어려움의 시기를 겪게 된다는 점입니다.

그러나 작품 중 가장 현명한 지식인의 한 사람으로 나오는 레빈은 달랐습니다. 그는 극단적이고 감정적인 선택을 하는 대신, 스스로를 바꾸고 성장시켜 그 모든 아픔과 어려움을 내적으로 극복하는 길을 선택합니다. 그러한 내용이 담긴 장면이 바로 그 유명한 '풀 베기' 장면입니다.

레빈은 몇몇 소작농들을 데리고 풀을 베러 가는데 그들 중에는 양가죽 재킷을 입은 노인도 있었습니다. 그는 유유자적한 몸놀림을 보이면서도 일에 빈틈이 없었고, 그러면서도 쾌활한 감정과 익살스러운 표정을 잃지 않았습니다. 숲에 들어가서는 떨어진 자작나무 버섯을 발견하면 허리를 굽혀 주워 들었습니다. 다른 농부들은 보고도 무시하고 지나쳐버리는 버섯 하나를 챙기면서도 그는 진심으로 기뻐했습니다. "할멈에게 줄 선물이 또 하나 생겼네"라며… 그렇게 그와 함께 레빈은 협곡을 넘어 가파른 언덕을 올라갈 때까지 풀을 베고 또 벴습니다. 한참을 베다 한 번 허리를 펴면 어느새 해가 떠 있었고, 또 풀을 베다 허리를 펴면 그 해가 중천까지 떠올라 있었으며, 다시 또 풀을 베다 일어나면 이제는 해가 뉘엿뉘엿 지려 하고 있었습니다. 그저 풀을 베는 일을 했을 뿐인데 시간의 흐름도, 키티를 포함한 다른 사람에 대한 잡다한 생각과 고민도, 그리고 삶의 본질적인 부분에 대한 어떠한 번뇌도 일절 사라져버린 놀라운 경험을 하게 된 것입니다.

이를 톨스토이는 구태여 '몰입' 혹은 '몰입의 힘'이라 이름 붙이지는 않았지만, 저는 기회가 될 때마다 이 구절을 떠올리며 '몰입의 힘' 또는 '무아지경(無我之境)의 경지'가 우리 삶에 줄 수 있는 축복의 한 사례로 삼고는 합니다.

한창 사업에 재미를 붙여 날마다 '무아지경의 경지'를 맛보던 시기에 저는 한국통신이라는 호랑이 등 위에 올라타 세상을 향해 달려 나가기 위한 준비에 착수했습니다. 통신사업에 뛰어들기로 한 것입니다.

지금은 제가 아는 지인들 중 통신 산업 종사자들은 첫손에 꼽을 만큼 교류가 활발하고 관련 업계 정보에도 밝은 사람들이지만 예전에는 사정이 달랐습니다. 사업 시작 초창기만 하더라도 누구를 찾아가 무엇을 어떻게 해야 할지조차 막막한 수준이었습니다. 지금이야 완전 민영화가 이뤄진 민간 사업체이지만, 한국통신은 당시만 하더라도 체신부(지금의 정보통신부) 소속 정부 기관이었다가 이후 산하 공기업이었습니다. 그때 한국통신은 상당히 보수적이었고 완고한 분위기였기에 접근조차 하기가 상당히 어려웠습니다.

그러나 저는 달리 생각했습니다. 당시 제가 하고 싶은 사업은 시외전화와 국제전화의 별정통신사업이었습니다. '별정통신사업'이라 하면 우리나라 유일의 '기간통신사업자'였던 한국통신으로부터 전기통신 회선 설비 중 일부를 구매하거나 임대해 그를 최종 소비자에게 판매하는 사업 모델이었습니다. 즉 막대한 통신 설비망을 갖추고는 있었지만, 고객 서비스나 마케팅 등에는 거의 관심이 없었던 한국통신으로부터 망을 빌려다가 우리가 더 친절하고 편리하게 일반 국민들이 이용할 수 있도록 제공하고 그 사이에서 발생하는 이윤을 가져가겠다는 것이 사업 모델의 핵심이었습니다. 고객지향 서비스 마인드와 치밀한 마케팅 전략과 실행력은 자신이 있었으므로 사업 성사의 남은 관건은 '한국통신으로부터 망을 빌릴 수 있느냐, 그렇지 않느냐'에 달려 있었습니다.

저는 무슨 일이 있더라도 한국통신으로부터 망을 빌려야 했습니다. 다시 한국통신 본사를 찾았습니다. 한국통신으로부터 망을 빌리기 위해, 제가 꿈꿔오던 통신사업자의 길로 한걸음 더 나아가기 위해 거쳐야 할 과정 중 하나일 뿐이라고 생각했습니다. 제 머릿속에는 '자존심'이라는 단어보다 '어떻게든 망을 빌려야 한다'는 생각만이 가득했습니다. 해가 막 떠오르려던 때부터 해가 중천까지 떠올랐을 만큼의 시간이 지났음에도 허리 아픈 줄도 모르고 풀을 베었던 레빈과 그의 농부들 모습이 바로 그 당시 저의 모습입니다.

이후로도 최종 별정통신사업자로 등록되기까지 적어도 50번 이상은 한국통신 본사 사무실을 찾아갔었던 것 같습니다. 그러나 정말로 하나도 힘든 줄 몰랐습니다. 자존심도 상하지 않았습니다. 그저 전 해냈을 뿐입니다.

비슷한 경험은 이후로도 여러 번 계속되었습니다. 시외전화 별정통신사업자로 제법 재미를 본 저는 영역을 더 넓혀 세계무대로 나아갈 생각을 하기 시작했습니다. 그러기 위해서는 최대한 해외 여러 나라에 망을 보유한 국제통신 기관 또는 업체와 손을 잡아야 했습니다. 그 대상으로 떠오른 것이 홍콩텔레콤(Hong Kong Telecom)이었습니다. 1997년 홍콩이 중국에 반환된 이후 중국의 영향력이 커지고 기존 중국 본토의 국영 통신업체인 차이나텔레콤(中国电信)의 위세에 밀려 많이 위축되기는 했지만, 홍콩텔레콤은 전성기 때만 하더라도 전 세계 240여 개국에 망을 보유한 초우량 통신기업이었습니다. 특히 과거 대영제국의 지배력 아래에 있던 영연방 국가들과의 통신망 운영에 독보적인 노하우를 갖추고 있었습니다.

몇 차례의 실패 끝에 제약사 대표로 재직 중이던 친구 도움으로 어렵게 소개를 받아 홍콩텔레콤 한국 지사장을 만나게 되었습니다. 이런저런 개인적인 소개와 별정통신사업에 대한 경험, 앞으로의 사업 구상에 대해 소상하게 이야기했습니다. 그러나 상대방의 표정이 영 시큰둥했습니다. 저는 설명이 어딘가 좀 부족했나 싶어 추가적으로 설명을 이어나가려 했습니다. 그러나 지사장은 손을 들어 저를 만류했습니다.

"한 사장님… 제가 한 사장님의 열정과 사업 경험은 높게 삽니다. 그런데…"

지사장은 난감한 표정으로 얘기를 이어나갔습니다. 알고 보니 홍콩텔레콤 본사는 생소한 한국 시장에서 사업을 시작해야 하는 단계인지라 이름도 못 들어본 신생 사업자와 제휴를 하기보다는 이미 자리를 잡은 유명 기업 혹은 재벌 그룹의 계열사와 함께하고 싶어 했습니다. 그 때문에 지사장은 부임 이후부터 유수의 굵직한 대기업과 교섭을 해왔고, 삼성그룹의 방계 기업집단 중 하나인 H 모 그룹에 망을 제공하는 것으로 거의 결정이 났다고 했습니다. 누가 봐도, 그리고 제가 봐도 결정이 뒤집힐 확률은 거의 없어 보였습니다.

그렇다고 모든 게 끝난 것은 아니었습니다. 막판까지 결과는 뒤집힐 수도 있는 것이었습니다. 당시 저에게는 오직 '홍콩텔레콤으로부터 망을 가져와야 한다'는 목표만이 선명하게 보였습니다. 그 망을 가져와야만 국제전화 별정통신사업자로 다시 한 번 날아오르겠다는 저의 꿈을 이룰 수 있었습니다. 다시금 저는 《안나 카레니나》의 레빈처럼 '허리를 펴지 않고' 오로지 '풀만 베었'습니다. 10번도 넘게 홍콩텔레콤 한국 지사장을 찾아갔습니다. 우리가 얼마나 잘할 수 있는지, 우리와 함께하는 것이 홍콩텔레콤, 그리고 한국 지사에도 얼마나 도움이 되는지를 목이 터져라 설명하고 강조했습니다. 신기한 것은 전혀 부끄럽지도, 자존심이 상하지도, 피곤하거나 힘들지도 않았다는 것입니다. 오로지 제가 목표로 한 것을 향해 어제보다 조금 더 나아가고 있다는 뿌듯함과 오늘 안 되더라도 내일은 조금 더 앞으로 나아가 있을 것이라는 희망만이 가득했습니다.

결국 홍콩텔레콤과의 교섭 역시 성공으로 끝을 맺었습니다. 처음에는 만나줄 생각도 하지 않았던 홍콩텔레콤 측은 이후 함께 업무를 추진하며 저에게 완전히 빠져들었습니다. 해야 하는 일이라고 생각하면 엄청나게 몰입해서 결과물을 볼 때까지 끝까지 물고 늘어지는 저의 모습에 그들은 감탄한 듯했습니다. 그런데 어느 날인가 홍콩텔레콤 본사 경영진 초청으로 홍콩을 방문했더니, 제게 덜컥 홍콩텔레콤의 베트남 영업을 부탁하는 것이었습니다. 알고 보니 홍콩텔레콤은 한창 커나가기 시작하는 신흥시장이었던 베트남에서 야심 차게 망 사업을 시작했는데, 사업 추진도 잘 되지 않고 비싼 망 단가도 낮추지 못하며 여러모로 어려움을 겪고 있었습니다. 그런 여러 문제들을 해결해줄 적임자로 저를 떠올린 것이었습니다. 본사 경영진이 나서서 저를 귀빈으로 극진히 받들며 '베트남 영업을 꼭 맡아달라'고 부탁하던 통에 완곡히 거절하느라 진땀을 뺐던 기억이 납니다.

많은 성공한 사람, 특히 장사꾼들이나 사업가들에게 성공의 비결에 대해 물으면 상당수의 사람들이 이렇게 답하곤 합니다.

"성공하려면, 내 자신을 버려야 해."

"간도 쓸개도 다 내주겠다는 생각으로 자존심을 버려."

일면 타당한 이야기인 것도 같지만, 실제로는 앞뒤가 뒤바뀐 잘못된 말입니다. 성공을 하기 위해 자존심을 버리고 자신을 등한시한 것이 아니라 성공을 하기 위해 최선을 다하다 보니 자존심이고 뭐고 생각할 겨를이 없었다는 게 더 옳은 이야기일 것입니다.

본인이 하고 싶은 일, 해야만 하는 일에 모든 것을 다 던져 넣은 상태를 일컬어 우리는 '몰입의 순간'이라고 말합니다. 몰입(沒入)은 말 그대로 하고자 하는 일을 제외한 주변의 사람, 사물, 온갖 잡념들이 사라지고(沒), 하고자 하는 일에 모든 에너지가 투입

되는(人) 현상입니다. 이때 사람들은 수많은 것을 경험하는데, 헝가리 출신의 세계적인 심리학자인 미하이 칙센트미하이(Mihály Csíkszentmihályi) 교수는 몰입의 순간에 대해 "물 흐르는 것과 같은 자유롭고 편안한 느낌이 들면서 몇 시간이 한순간처럼 짧게 느껴지고 몰입 대상과 내가 하나가 된 듯한 일체감을 갖게 되며 자아에 대한 의식이 사라진다"라고 설명한 바 있습니다.

저에게도 그러한 경험은 매우 중요했습니다. 제가 하고자 하는 일에 몰입함으로써 저에 대한 생각은 잃어버리게 되는, '무아의 경지'에 때때로 빠졌던 것이 역설적으로 저를 가장 저답게 만들고, 하고자 한 것들을 남들보다 더 많이 이루게 된 원동력이 되었습니다.

그 때문에 지금도 가끔 저를 찾아와 "저는 잡념이 너무 많아요", "뭔가 하려고 하면 방해물들이 왜 이렇게 많죠?", "자존심 상해서 못해먹겠어요"라며 푸념을 하는 이들이 있습니다. 그럴 때마다 이렇게 묻고는 합니다.

"혹시, 해가 어디에 떴는지도 모르고 풀을 베어본 적 있어요?"

04

실패는 늘 성공보다 반걸음 빨리
우리에게 옵니다

《공부가 가장 쉬웠어요》. 1990년대 중반 즈음에 포크레인 조수, 택시 기사, 공사장 막노동을 하며 주경야독한 끝에 6년 만에 서울대학교 법대를 수석으로 입학한 입지전적인 인물이 쓴 책의 제목입니다. 비슷한 무렵, 저는 '공부'의 자리에 '돈 버는 것'이라는 말을 대신하면 딱 맞을 정도로 돈을 잘 벌었습니다. 벌이는 사업마다 안되는 게 없었습니다.

영업으로 시작해 유통 사업에서 재미를 본 저는 공기청정기 제조 사업 등과 같은 전문적인 기술이 필요한 제조업에서도 두각을 나타냈습니다. 도무지 실패라는 것이 더 이상 제 인생에 발을 붙이지 못할 것만 같았습니다. 한때 함께 일하는 정규 직원만 몇 백 명이 넘었던 적도 있었습니다. 그중 90% 이상이 저보다 연배도 높고 사회 경험도 많은 형님·누님뻘의 연장자들이었습니다. 그런 그들을 직원으로 두고 오전에는 이 사업장에서, 오후에는 저 사업장에서, 저녁에는 또 다른 사업장에서 일을 하거나 사업과 관련된 사람들을 만나며 '동에 번쩍 서에 번쩍' 하며 날아다녔습니다.

심지어 하룻저녁에 사업 목적상 만나야 할 사람이나 접대해야 할 사람들과의 약속이 몰려 저녁 식사를 연속으로 두세 번 하고 다시 이어지는 술자리에 참석해야 하는 경우도 비일비재했습니다. 그럴 때도 저는 두 번째 자리건, 세 번째 자리건 마치 이날 처음 먹는 끼니인 듯 밥그릇 싹싹 비워가며 맛있게 먹었고, 아무리 늦은 시간에 시작된 술자리, 전작이 있는 술자리라 하더라도 그런 티를 절대 내지 않고 감사한 마음으로 술을 받아 매 잔을 첫 잔 들이켜듯 시원하게 비웠습니다. 그런 열정 덕분이었던지 사업은 승승장구해 매년 전년도 매출과 영업이익을 뛰어넘는 성공을 이어나갔습니다.

새롭게 뛰어든 별정통신사업에서도 그 여세는 그대로 지속되었습니다. 심지어 1997년 외환 유동성 위기를 겪은 한국 정부가 IMF에 구제금융을 신청하며 시작된 외환위기 사태 때도 나쁘지 않았습니다. 수많은 사람이 '단군 이래 최대의 경제 위기', '국가 부도 위기 직면'이라고 말할 정도로 국가 전체적으로는 크게 어려웠던 시절이었지만, 사업을 하는 저의 입장에서는 아주 나쁜 것만도 아니었습니다.

흔히 '위기'라고 하면 단순히 위험한 상황이나 위협적인 상황을 떠올리지만, '위기(危機)'라는 글자를 따져보면 힘든 상황을 의미하는 '위(危)'자에 뜻밖에도 베틀 등의 기구나 기계를 의미하는 '기(機)'자가 합쳐져 만들어진 단어입니다. '위(危)'자 역시 단순히 어려움만을 뜻하는 글자가 아닙니다. 바위(厂) 위에 위태롭게 선 사람(人)의 형상을 따서 만들었다는 이 글자는 원래 고대 중국의 사당에서 사용되던 기물의 모습을 묘사해 만든 글자라고 합니다. 조금이라도 균형이 안 맞으면 금방이라도 넘어질 듯 위태로운 모양을 하고 있어 사당을 찾은 지도자들이나 학자들에게 중심을 잡고 치우치는 판단을 하지 말라는 가르침을 주던 기물이었습니다. 그 아슬아슬한 모습에서 지금의 '위급하다', '위험하다'와 같은 뜻이 나왔다고 합니다. '기(機)'자는 고대에 가장 중요하면서도 복잡한 기계 중 하나로 꼽혔을 베틀을 의미하는 글자이면서 잘만 다루면 무언가 귀한 것을 만들어낼 수 있는 도구를 상징하는 글자로 인식돼 왔습니다. 즉 "위기는 위험과 기회의 합친 말"이라는 세간의 잠언은 단순한 말장난이 아니라는 걸 보여줍니다. 1997년의 IMF 구제금융 신청과 이어진 1998년의 금융 위기는 분명 두려운 위협이었지만, 사업상으로는 좋은 기회가 되어주었습니다.

너나없이 모두가 힘들고 어려웠던 시기에 개인들은 돈 한 푼이 아쉽고, 기업들 역시 어떻게 하면 고정비나 판관비를 줄일 수 있을까 혈안이 돼 있던 시기였습니다. 5자리의 식별번호를 누른 뒤 통화를 하면 한국통신보다 최대 15%까지 싸게 통화할 수 있도록 한 시외전화 서비스는 인기가 없을 수가 없었습니다.

더구나 구제금융을 제공한 IMF와 국내 자산을 사들인 외국계 금융자본의 입김이 강해지면서 역설적으로 그간 국내에만 갇혀 있던 우리의 시각과 사고는 진정한 글로벌 스탠더드(global standard) 에 맞춰 변모되어야 했습니다. 당연히 해외와의 교류와 소통이 빈 번하게 일어났고, 그를 위한 국제전화 서비스 사업 역시 호황을 맞 이했습니다. 식별번호 몇 자리만 더 누르면 같은 품질의 국제전화 를 싸게 쓸 수 있다는 소문에 제가 경영하던 통신사업체 역시 인기 를 끌게 되었습니다.

사업은 순조롭게 잘 진행되었습니다. 하지만 제 꿈은 '돈 많이 버 는 부자'가 아니었습니다. 그보다 더 먼, 더 높은 곳에 있었습니다. 수익이 생기는 족족 사업에 재투자했고, 새롭게 투자할 사업 영역 을 찾아 헤맸습니다. 그 당시 인터넷의 발달과 함께 새롭게 막을 열 고 있었던 '닷컴 시대'의 열풍 속에 제가 할 수 있는 사업, 해야 할 일은 무궁무진했습니다. 눈뜨면 새로운 기술을 살펴보고 있었고, 다시 눈을 감았다 뜨면 새로운 사업계획서를 써 내려가고 있었습 니다. 통신사업자에서 시작해 전자통신 기기를 제조하는 전자회 사를 설립했고, 전화와 인터넷을 이용해 신기술을 개발했으며, 각 종 부가 서비스를 제공하는 업체를 하나도 아니고 여럿을 동시에 창업했습니다.

그러나 짜릿한 성공의 순간은 길지 않았습니다. 뜻밖에도 위기의 신호는 저에게 새로운 세상을 맛보게 해준 기회의 땅이었던 통신사업으로부터 왔습니다. 1990년대 초·중반 카이스트(KAIST) 출신 연구원 몇 명이 설립한 벤처기업이 있었습니다. 그 기업의 미국 자회사 격인 '다이얼패드(Dialpad)'라는 곳에서 인터넷을 이용한 무료전화 서비스를 출시했다는 소식이 들려왔을 때만 하더라도 그 뉴스에 크게 관심을 보인 국내 관계자는 드물었습니다. '인터넷을 이용한 국제전화라고? 신기하네…', '근데, 국제전화가 어떻게 무료가 되지?', '무료라고 해놓고 나중에 돈 뜯어내려는 수작 아니야?'라며 몇몇 이들이 의구심 섞인 눈초리와 호기심으로 해당 서비스를 살펴보기는 했지만, 그것이 이후 어떤 폭풍을 몰고 올지 제대로 가늠하는 사람은 드물었습니다.

　　우리는 흔히 《삼국지연의》 최후의 승자를 위나라의 조조로 알고 있지만, 실제로는 위의 마지막 황제 조환을 폐위하고 진나라를 세운 사마의(司馬懿)가 어찌 보면 진정한 승자였습니다. 그러나 그런 사마의조차도 자신이 영원한 승자가 될 수 없음을 잘 알고 있었습니다. 시간이 날 때마다 왕위를 잇게 될 손자 사마염을 앉혀놓고 의미심장한 시 구절 하나를 읊게 했습니다.

　　느릅나무 가지에 앉아 있는 매미, 날개 치고 노래하고 맑은 이슬 마시느라, 사마귀가 뒤에 숨어 노리는 줄 모르네.

그러나 할아버지 사마의 가르침에도 불구하고 사마염은 왕위에 오른 뒤 점차 향락과 부패를 일삼다 급격히 몰락하고 맙니다. 저 역시 그랬습니다. 빠른 성공을 거둔 뒤 자신감에 넘친 나머지 제 주위에 얼마나 많은 '사마귀'들이 호시탐탐 시장을 노리고 있는지를 간과한 것이었습니다. 몰락의 시간은 오래지 않아 다가왔습니다.

정확히 석 달 후, 상황이 바뀌기 시작했습니다. 인터넷 무료전화 서비스가 출시된 지 석 달 만에 회사 곳곳에서 이상 신호가 들려오기 시작했습니다. 매출이 정체하다 못해 급격하게 꺾이는 현상이 곳곳에서 벌어졌습니다. 이미 하이텔, 천리안, 나우누리 등의 전화 모뎀 통신 서비스에 익숙했던 젊은 층들을 중심으로 인터넷 문화가 급속히 확산되면서 그러한 인터넷을 기반으로 한 통신사업은 폭발적인 성장세를 이어나갔습니다. 시작은 다이얼패드였지만, 이미 다이얼패드만이 문제가 아니었습니다. 인터넷이라는 새로운 호랑이 등 위에 올라탄 경쟁자들이 무서운 속도로 시장에 달려들고 있었습니다.

이제 사람들은 기존의 집과 사무실의 전화 대신 인터넷을 이용한 다이얼패드나 스카이프(Skype) 서비스를 이용했습니다. 전화를 거는 대신 이메일을 보내고, 메신저로 문자와 이미지를 주고받았습니다. 제가 꾸려가던 사업은 급격하게 위축되었습니다. 우리 회사만의 문제가 아니었습니다. 국제전화, 시외전화 할 것 없이 시장이 급격하게 무너지기 시작했습니다. 이미 달리기를 멈춘 호랑이 등 위에 올라타고 있는 것은 아무런 의미가 없었습니다. 모든 것을 접어야 했습니다.

하지만 괜찮았습니다. 실패의 아픔은 쓰라렸지만 저에게는 그럴 때 또 다른 길을 찾아낼 수 있다는 자신이 있었습니다.

중국 사람들이 즐겨 하는 속담에 다음과 같은 말이 있습니다.

차도산전필유로 선도교두자연직

(車到山前必有路 船到橋頭自然直)

"수레가 산 앞에 다다르면 길이 보이고, 배가 다리 앞에 이르면 다리가 저절로 열린다"는 뜻입니다. 그런데 이 말은 그저 아무런 걱정하지 말고 있으면 다 해결된다는 단순한 뜻의 말이 아닙니다. 아무리 어렵고 힘들어도 두려움을 무릅쓰고 담담하게 하던 일에 최선을 다하면 또 뜻밖의 수가 생겨 해결책이 주어진다는 의미입니다. 즉 그 전제 조건이 평온함을 유지하고 하던 일에 지극함을 다해야 하는 것입니다. 일단 달림을 멈추지 말고 산의 코앞까지 마차를 몰고 가야 하고, 교각에 닿을 듯 말 듯 한 곳까지 배를 몰고 가야만 비로소 기대할 수 있는 새로운 기회와 운명을 이야기하고 있는 것입니다.

저는 이 속담대로 했습니다. 비록 잘나가던 사업에서 잠깐의 어려움을 겪게 되었지만, 또다시 열릴 새로운 길과 새롭게 펼쳐질 항로를 향해 제 수레와 선박을 멈춤 없이 몰고 가기로 했습니다. 우선 접어야 할 사업은 신속하게, 그러면서도 피해를 입거나 손해를 떠안는 사람이 생기지 않도록 세심하게 정리하기 시작했습니다. 그러는 한편 기존의 사업 중 장래성이 있는 업종 중심으로 새로운 사업 구조로 재편했습니다. 덕분에 상당한 수익을 가져다주었던 별정통신 사업에서는 철수하게 되었지만, 다른 사업 영역에서는 크게 타격을 입지 않고 새로운 기회를 모색할 수 있었습니다. 달콤할 수는 없지만, 그래도 쓰지만은 않은 수업을 했던 감사한 나날들이었습니다.

삶이라는 것이 늘 그렇습니다. 이상하게도 실패가 성공보다 항상 반걸음 정도 빠릅니다. 성공이 눈앞에 보이는 것 같으면 실패는 어느새 그보다 조금 먼저 내 앞에 도달해 있습니다. 작은 성공을 한 뒤 조금 큰 성공을 바라면 여지없이 그 틈새를 비집고 실패가 떡하니 모습을 드러내곤 합니다. 그러다 보니 많은 이가 그 실패에 크게 낙담하거나 좌절해서 그 뒤에 가려진 길로 열심히 오고 있는 성공을 못 보고 지레 포기해버리는 경우가 비일비재합니다.

그럴 때 살짝 눈을 돌려 반걸음 뒤에 열심히 달려오고 있는 성공을 맞이할 준비를 하는 사람만이 또 다른 성공을 맛볼 수 있습니다. 돌이켜보면 저에게도 짜릿하고 달콤했던 성공들은 늘 쓰라린 실패의 바로 발뒤꿈치를 밟고 따라온 것들이었습니다.

05

우울함이 밀려올 땐
일단 산으로 달려가세요

"후배님, 전데요⋯."

어느 날 모처럼 만나 저녁 식사를 함께하기로 한 J선배로부터 다시 전화가 왔습니다. 저녁 식사 자리에 아내를 함께 데리고 가도 되겠냐고 묻기 위해서였습니다. 저는 흔쾌히, 아니 오히려 더 잘됐다며 "형수님도 꼭 함께 모시고 오세요. 감사합니다"라고 말하고는 전화를 끊었습니다.

J선배는 공직에 입문해 실력을 인정받은 뒤 정치인으로 변신해 국회의원까지 지낸 직업 정치인이었습니다. 정치인 생활을 할 때도 새롭게 정권을 창출하는 데 기여해 최고 권력자의 측근으로 꽤 오랫동안 활동하는 등 나름 승승장구했던 이였습니다. 이후 몇 가지

사연으로 정치권에서는 그 활동이 조금 뜸해졌지만 대신 정치 평론가로 방송에서 제법 인기를 끌기도 했고, 얼마 전에는 꽤 규모가 있는 식당을 개업해 요식업 경영자로 자신의 활동 영역을 넓힌, '열정'과 '실행력'으로 치면 둘째가라면 서러워할 인물이었습니다.

전화를 끊은 뒤, 오후에 예정해뒀던 운동 일정을 소화했습니다. 운동 후 샤워를 마친 뒤 타월로 머리에 남은 물기를 털며 무심코 사우나 락커에 틀어져 있던 TV로 눈을 돌렸는데, 화면에는 굵직한 자막 글씨로 계속 뉴스 속보가 흘러나오고 있었습니다.

[유력 정치인 J 전 의원 숨진 채 발견⋯ "극단적 선택 추정"]

화면은 계속 뉴스를 쏟아내고 있는데, 정작 화면 밖 현실 세상의 저는 마치 정지 화면처럼 그대로 멈춘 채 멍하니 서 있었습니다.

'조금 뒤 저녁 7시에 나를 만나기로 했는데⋯.'

'부인을 데리고 나오겠다고 약속까지 변경할 정도로⋯ 적극적으로 나와 약속한 선배가⋯.'

'바로 얼마 전에 만났을 때만 해도 새롭게 진행할 계획에 대해 이야기했던 선배가 어찌⋯.'

그러나 알고 보면 이런 일이 제 주변에서 드문 일은 아니었습니다. 아니, 저뿐만이 아니라 현대를 살아가는 이들의 주변에서 심심치 않게 볼 수 있는 일이 된 지 오래입니다. 제가 경영하는 회사 중 제약사가 한 곳 있는데, 연구개발 및 생산해 판매하는 약품 숫자가 200여 가지 정도 됩니다. 그런데 그 약들 중에 우울증 치료약의 매출이 늘 꽤 높은 순위를 차지하고 있다는 것만 봐도 얼마나 우리 주변의 많은 이가 우울한 생각의 덫에 걸려 있거나, 그로 인해 고통받고 있는지를 알 수 있습니다.

제가 가장 존경하며 가까이 지내는 사업가 선배가 한 분 계십니다. 모 언론사가 주관한 골프 모임에서 알게 된 분인데, 그분께서 모임의 회장으로 취임하시며 덜컥 저를 부회장으로 임명하면서 인연이 시작되었습니다. "모임에서 스치듯 인사한 것 몇 번이 전부인 저를 뭘 믿고 부회장이라는 중책을 맡기셨냐?"는 제 물음에 "그냥 한 회장이라면 맘 맞춰서 잘 해볼 수 있을 것 같아서요"라며 싱긋 웃으셨습니다. 사람 좋아 보이는 그 웃음에 저는 직을 맡기로 하고 그날로부터 혼신의 힘을 다해 모임을 꾸려갔습니다.

그분은 어린 시절부터 악착같이 사업체를 경영해 해당 산업 분야에서 독보적인 성과를 창출해낸 성공한 기업인입니다. 자산 관리에도 일가견이 있으셔서 다수의 본인 소유 기업에 더해 여러 채의 고층 빌딩을 개인 명의로 소유하고 있어 보유 자산이 엄청난, 억만장자(billionaire) 수준의 부를 일군 분이었습니다.

그런데 몇 해 전에 부인이 한 병원에서 시술을 받다가 의료사고를 당해 그만 전신이 마비되고 말았습니다. 그토록 아름답고 현명했던 아내가 꼼짝없이 평생을 병상에서 지내야 하는 신세가 되었다는 사실이 불행히도 그분의 마음속 가장 중요한 부분을 무너뜨리고 말았습니다.

　그분은 평상시 본인에 대해서는 한 푼도 허투루 쓰는 법이 없는 검소한 생활을 고집했지만, 아내에게만큼은 아낌없이 사랑과 애정을 쏟아붓는 분이었습니다. 아내에게 틈이 날 때마다 좋은 것을 선물하며 현재의 자리에 오기까지 고생하며 헌신해줬던 시간에 대해 감사함을 전하는 것을 삶의 낙으로 생각해온 분이었습니다. 그런데 그런 사랑하는 아내가 의료사고로 코마(coma, 혼수)에 빠졌다는 사실이 큰 충격이 되어 심한 우울증에 빠진 것이었습니다. 그토록 친하게 지내던 제가 전화를 드려도 귀찮아서 받지 않거나 겨우 받아도 시큰둥하니 얼른 끊기만을 바라는 눈치였고, 찾아뵙고 싶다고 해도 한사코 마다하셨습니다.

　희망만큼 강한 것이 없습니다. 아무리 현실이 암울해도 희망은 우리에게 나아갈 곳을 밝혀주는 등불이 됩니다. 아무리 현재가 힘겨워도 희망은 우리에게 다시 일어설 힘을 빌려줍니다. 아무리 최악의 상황에 처해 있어도 희망은 우리에게 그래도 다음에는 나은 상황이 펼쳐질 거라는 위안을 줍니다. 하지만 희망만큼 또 무서운 것이 없습니다. 갑작스럽게 그 희망이 무너졌을 때 우리는 나아가고 있음에도 한없이 깊은 나락으로 빠져들어 버린 것 같은 절망을 느끼게 됩니다. 희망이 절망으로 바뀔 때의 그 무서움은 겪어보지 않은 사람들은 알지 못합니다. 그런 무서움이 여러 번 중첩되어 쌓여가다 보면 우리 몸에 우울증이라는 질병의 모습으로 등장하게 됩니다.

뇌에서는 도파민과 세로토닌이 분비되는데, 이들 덕분에 우리는 열정과 몰입, 희열 등을 느끼게 됩니다. 그런데 반대로 여러 가지 내적·외적 영향 탓에 이들 도파민과 세로토닌의 분비가 줄어들면 우리는 의식이 희미해지고 감각이 무뎌지며 삶에 대한 기대와 희망이 무너지기 시작하는데, 그때가 바로 우울증에 걸리는 순간인 것입니다.

흔히 대사질환, 암 그리고 치매가 현대인의 주된 3대 질병이라고들 하는데, 저는 그보다 더 무서운 질병이 우울증이라고 생각합니다. 다른 질병들은 최소한 죽음을 준비할 수 있는 시간도, 치료를 위해 노력해볼 기회도, 예방하기 위한 방법이라도 있습니다. 그러나 우울증은 다릅니다. 본인 외에는 누구도 모르게 걸렸다가, 죽음을 준비할 만한 시간도 없이 한순간에 목숨을 앗아가는 경우가 비일비재합니다. 예방하기 위한 방법도 딱히 없습니다.

앞서 극단적인 선택을 한 선배만 하더라도 그런 선택을 하기 불과 이틀 전에 출연한 방송과 본인의 SNS 등에서는 세상 돌아가는 판세에 대한 냉철한 분석과 함께 자신의 향후 비전이나 포부에 대해 밝혔던 바가 있습니다. 그럼에도 그런 선택을 한 것이었습니다. 이처럼 순간적으로 다른 쪽으로 생각이 움직이면 세상을 등져버리는 극단적인 선택을 하게 되는 것이 우울증의 무서운 점입니다.

대체로 어려운 일이 닥치면 '밤이 가면 곧 낮이 오리라', '이 또한 지나가리라'와 같은 생각을 하며 힘들더라도 참고 버티거나 '하늘이 무너져도 솟아날 구멍이 있다'는 생각으로 정신을 바짝 차리고 해결할 방도를 찾아 나서야 하는 것이 일반적인 우리 인간의 본성인데, 우울증에 빠지면 이런 생각 자체를 할 수 없게 됩니다.

우울증과 동시에 오는 게 무기력증과 초조함, 그리고 불안감인데, 무기력증(無氣力症)은 말 그대로 몸에 기운(氣)과 힘(力)이 하나도 없는 상태이고, 초조(焦燥)함은 마음이 바싹 타들어(焦) 가고 정서가 메말라버린(燥) 상태를 말합니다. 불안감(不安感)은 말 그대로 어디에 있건 누구와 있건 안심할 수 없고, 안정되지 않은 상태가 지속되는 것을 말합니다.

우울증에 걸리면 손가락 하나 까딱하는 것도 싫고, 눈도 뜨기 싫은 상태가 됩니다. 침대에 누워 있어도 그 상태 자체가 무언가를 하는 것처럼 힘겹다고 느껴질 정도로 극심한 무기력의 상태가 지속되고, 유일하게 자발적으로 할 수 있는 일이 극단적인 선택을 하기 위해 약을 털어 넣는 것밖에 남지 않은 상태가 된다고 하니, 이 얼마나 무서운 질병인가요?

가깝게 지내는 전직 경찰 출신 후배로부터 이런 얘기를 들은 적이 있습니다.

"자살 사건이라고 해서 가보면 우울증으로 죽은 환자는 특이한 공통점이 있어요."

"남겨진 유서가 거의 없다는 점이죠. 그래서 수사에 아주 골탕을 먹어요."

실제로 우울증 탓에 극단적인 선택을 하는 사람의 경우 무기력이 심해져서 유서 한 장조차 남기지 못하는 경우가 다반사라고 합니다. 거기에 불안감과 초조함은 극심한 고통을 줍니다. 무기력해서 탈출 방법도 찾을 수 없는데, 불안감과 초조함이 가져오는 쓰라린 죄책감과 참을 수 없는 고통이 몰아치면 이건 도저히 인간으로서 감내할 수 없는 상황에까지 몰리게 됩니다.

저는 아내의 비극적인 상황으로 우울증의 덫에 걸린 선배의 마음의 병을 반드시 고쳐드리고 싶었습니다. 우울증에 관한 책이란 책들은 몽땅 사들여서 며칠 밤낮에 걸쳐 읽었습니다. 관련 논문도 구할 수 있는 데까지 구해서 공부했고, 그래도 잘 모르는 것들은 주변의 전문가들에게 자문을 구하며 연구했습니다.

그럼에도 그분을 마음의 병으로부터 구하는 것은 쉽지 않았습니다. 우울증 탓에 무기력함에 빠져들던 이들에게는 집 밖으로 나오는 행위가 일반인이 회사를 옮기거나 새로운 사업체를 차리는 것보다 힘들면 힘들었지 절대로 쉬운 일이 아니었습니다. 그렇지만 저는 그분을 밝은 곳으로 이끌어내고 싶었습니다. 처음에는 전화를 걸어 "통화 버튼만 눌러 제 얘기를 듣고만 계셔도 됩니다"라고 이야기했습니다. 하지만 그분은 그것조차 귀찮고 버겁다며 전화를 걸어도 안 받기 일쑤였습니다.

그럼에도 저는 포기하지 않았습니다. 1년 4개월 동안 아침 8시와 저녁 8시에는 어김없이 전화를 걸어 안부를 물었습니다. 그 사이사이에 수시로 문자와 SNS를 통해 말을 걸었고, 그조차도 반응이 없을 때면 직접 찾아가서 만났습니다. 제게는 '한 사람이 곧 천하'이기에 그 순간에는 제 앞에 있는 선배를 우울증으로부터 살려내는 것이 곧 천하를 구해내는 일이었습니다.

만나서는 별 얘기를 하지 않았습니다. 나사 풀린 사람처럼 실없이 제 얘기를 늘어놓기도 하고, 그냥 같이 앉아서 아무 말 없이 창밖을 같이 바라보며 차를 마시기도 했습니다. 그러다 어느 정도 준비가 되었다는 생각이 들 무렵 '산으로 가자'고 한 것이었습니다. 선배는 처음에는 몇 걸음 오르지 못해 숨이 가빠 했습니다. 평상시 왕성하게 사업을 전개하며 전국은 물론 세계 곳곳을 누비던 강철 체력의 소유자였던 선배였습니다. 우울증이라는 것이 알게 모르게 정신은 물론 육체의 건강 자체도 좀먹은 듯했습니다. 그러나 계속해서 선배를 산으로 모셨습니다. 산에 가서는 푸르른 풍경을 바라보며 이 얘기 저 얘기를 나눴습니다.

뚜렷한 주제도 없고, 일관된 내용도 없었습니다. 어떤 때는 폐병 걸린 채로 샌딩기에서 나오는 모래 먼지를 뒤집어써 가며 철야 용접을 했던 10대 시절 이야기도 했다가, 월급을 버는 족족 가족들 빚 갚는 데 쓰느라 어느 월급날 마산에 있는 통닭집에서 삼계탕 한 그릇을 사 먹을까 말까 몇 시간 고민하다가 결국 못 먹고 발길을 돌려야만 했던 20대 시절 이야기도 했다가, 말 더듬는 습관을 고치기 위해 매일 아침 동네 뒷산에 올라 소리 내 책을 읽었던 30대 시절 이야기를 하기도 했습니다. 등장하는 조연도, 장소도, 내용도 달랐지만 이야기의 본질은 '희망'에 대한 것이었습니다. 그를 통해 그분께 지금의 병을 반드시 고칠 수 있다는 확신을 드리고 싶었습니다. 그분과 처음 명함을 주고받을 때 반드시 이분과 평생을 같이해야겠다는 생각을 가졌고, 지금까지 변함이 없기에 마치 내 일처럼 생각하며 여러 군데의 병원을 같이 방문했고 의사 선생님과의 상담도 함께하며 치료에 대한 방향도 같이 고민했습니다.

그런 와중에도 매주 수요일과 토요일이면 산으로 선배를 모셨고, 어느덧 선배는 놀랍게도 우울증에서 빠져나올 수 있었습니다. 물론 사랑하는 부인은 안타깝게도 여전히 병상에 계시지만, 그로 인해 가끔 절망에 빠져들 때도 계시지만, 지금은 그로부터 일어설 정도의 희망을 지속적으로 만들어내고 있습니다. 사재를 털어 어려운 후배들을 돕기도 하고, 주위 사람들과 함께 어울리기 위해 더 많은 것들을 투자하는 삶을 계속 이어나가고 있습니다.

최근 들어 주위를 살펴보면 우울증을 호소하는 이들이 많이 보입니다. 우울증까지는 아니더라도 장기간 지속되는 우울한 감정과 그로 인한 어려움을 토로하는 이들은 더 많이 눈에 띕니다. 각종 사건·사고와 불안정한 정치·경제 상황 등 우리를 즐겁고 기쁘게 해주기보다는 어렵고 힘들게 하는 소식들이 훨씬 더 세상에 가득 찬 것처럼 보입니다. 그럼에도 우리는 이 세상을 살아가야 합니다. 그것도 기왕이면 즐겁고 행복하게.

자, 오늘 우울한 그대, 마지막 힘을 짜내 문을 열고 밖으로 나갑시다. 움직여야 합니다. 움직여야 살 수 있습니다. 그러나 혼자만의 힘으로는 어렵습니다. 그렇기에 서로 도와야 합니다. 우리 모두 주위를 조금만 더 살펴봅시다. 그리고 손끝 하나 움직이기 어려운 동료, 친구, 지인, 이웃을 찾아 그들을 집 밖으로 데려 나오기 위해 최선을 다해봅시다.

지금 우리가 구하는 것은 사람 한 명이 아니라 우리가 살아가는 이 세상, 천하일 수도 있습니다.

제4부

인생의 성공을 향해 달려가는
그 순간에도
사람만 남았다

No se vive celebrando victorias,
sino superando derrotas.

인생은 승리를 자축하면서 사는 것이 아니라,

실패를 이겨내며 사는 것이다.

– 체 게바라(1928~1967)

이

점점, 사람과 사람

지인 중에 한 사업가가 있었습니다. 기술적인 측면에 상당한 혜안이 있는 사람이었습니다. 새로운 기술이나 아이템을 보면 그게 어떤 기술적 특성이 있고 장점이 있는지, 차별화된 가치가 있는지 없는지를 포착해내는 데 거의 동물적인 감각이 있는 사람이었습니다. 몇 년 전 그의 눈에 띈 제품 하나가 있었습니다. 건강 기능 식품이었습니다. 그런데 아무리 생각해봐도 그의 눈에는 그 제품이 그냥 건강 기능 식품으로 보이지 않았습니다. '조금 더 연구해봐야겠다'는 생각이 들어 살펴보니 엄청난 제품이었습니다.

2001년 9·11 테러가 발발한 뒤 미국인들은 거대한 충격에 빠져들었습니다. 그 이전까지만 해도 세계 각지에서 수많은 국가 또는 테러리스트들과 전쟁을 벌이며 테러와 납치의 대상이 되어왔던 미국인들이었지만, 적어도 미국 본토에만 있으면 안전하다는 것이 그들의 생각이었습니다. 수십 년째 이어져온 그런 안정감과 평온함에 미국인들의 안전의식과 보호의식은 점차 무디어져 갔습니다. 그런데 그러한 안일했던 일상을 송두리째 파괴해버린 것이 9·11 테러였습니다.

미국인들 사이에 공포심이 되살아났습니다. 이웃을 의심하고 자신의 몸과 가족은 스스로의 힘으로 지켜내야 한다는 보호 본능이 다시금 일깨워졌습니다. 일반 세단형 승용차보다 크고 둔중하지만 보다 안전하고 힘이 좋은 것으로 알려진 픽업트럭과 SUV형 승용차의 판매가 급증했고, 개인용 보호장구나 총기류의 구입이 급증했습니다. 이는 건강 또는 의료 관련 산업에서도 마찬가지였습니다. 질병 예방을 위한 다양한 약품과 의료기구 판매가 늘어났고, 비싼 의료비 탓에 기존에는 엄두도 못 냈을 건강검진을 받아보려는 사람들로 병원이 넘쳐났습니다.

바로 그 무렵 미국 정부에서는 한 가지 프로젝트를 진행했습니다. 방사선의 위협에 늘 노출돼 있는 우주인들이나 생화학 무기의 위협에 노출돼 있는 파병 미군, 기타 혹독한 환경이나 오염의 우려가 있는 장소에서 생활해야 하는 미국인들의 건강을 돕기 위해 기존의 건강 기능 식품과는 차원이 다른 새로운 물질, 새로운 제형의 건강 기능 식품을 만들어 보급하겠다는 계획이었습니다. 미국 전역에서 온갖 분야의 전문 연구 인력들이 합류해 집중적인 연구를 거쳐 이제까지 없던 수준의 건강 기능 식품이 개발되었습니다.

그러나 개발 중간에 미국의 국내 정치 상황이 돌변했습니다. 9·11 테러 직후 극심한 공포에 휩싸였던 시민들은 다시금 안정을 찾았고, 테러가 촉발시킨 아프간 전쟁도 지지부진함을 면치 못하면서 사람들은 빠른 속도로 일상으로 돌아갔습니다. 국가 차원의 대대적인 프로젝트로 진행된 개발계획은 표류하기 시작했고, 해당 건강 기능 식품은 이제 개발비 회수와 판로를 걱정해야 하는 처지에 놓였습니다. 바로 그 타이밍에 저의 지인이 제품을 발견한 것입니다. 그는 해당 제품의 해외 판권을 사들인 뒤 이제 막 사업을 벌이려 하는 타이밍에 저를 만나게 되었습니다.

또 다른 지인이 있었습니다. 사업을 하는 사람이었습니다. 그런데 사실 '지인'이나 '사업가'라기보다는 사업을 하는 '제 친구'라고 하는 편에 더 가까운 사람이었습니다. 그는 제가 한때 사업이 어려울 적에 적지 않은 돈을 좋은 조건으로 흔쾌히 투자해준 은인과도 같은 친구였습니다. 그 이후 수십 년간 서로 믿고 신뢰하며 인간적인 관계를 이어온 삶의 동반자라고도 할 수 있는 사람이었습니다.

그는 참 착한 사람이었습니다. 몇 차례 상장기업의 임원과 최고경영자를 지내고 독립해서 새롭게 사업을 시작했는데, 그 사업이영 신통치가 않았습니다. 사업을 하다 보니 곁에 몹쓸 사람, 남을 이용해먹으려는 사람, 어떻게든 자기 잇속만 챙기려는 사람들이 바글바글 몰렸지만, 그런 그들을 단 한 번도 내치지 않고 매번 보듬고 다독여서 어떻게든 함께 가려고 노력하는 참 착한 사람이었습니다. 그러나 그런 '착함'과 '사업 성과'는 별개였습니다. 막대한 투자를 해서 좋은 제품을 만들어내면 그를 가져다가 팔 능력이 모자랐고, 괜찮은 사람들을 끌어모으면 팔 만한 제품 라인업이 부족했습니다. 조금만 더 하면 뭔가 활로가 개척될 것 같은데… 늘 그 '조금'이 발목을 잡았습니다.

그런 두 사람을 보며 저는 다시금 제 '양 날개 이론'을 떠올렸습니다.

우리는 흔히 《삼국지연의》라고 하면 그 주인공으로 유비, 관우, 장비, 이 세 사람과 그들이 복숭아밭에서 천하를 도모하며 형제의 연을 맺었다는 '도원결의(桃園結義)'를 대표적인 사건으로 떠올리는 경우가 많습니다. 책을 제대로 안 읽은 사람 중에는 이들에다가 무예 실력만으로는 여포와 더불어 《삼국지연의》 전체를 통틀어 세 손가락에 꼽히는 '오호대장군(五虎大將軍)'의 한 명인 조운까지 합류했으니, 유비의 세력이 늘 승승장구하며 천하무적 활약했으리라고 생각하는 이들이 꽤 있습니다.

그런데 재미있는 것은 《삼국지연의》의 초반에는 의외로 유비, 관우, 장비가 활약한 모습이 그다지 많이 기록돼 있지 않다는 것입니다. 워낙 수많은 인물에 대한 방대한 역사적 기록을 토대로 쓰인 책이다 보니 다른 인물들의 여러 가지 에피소드를 담았기에 그런 것이기도 하지만, 생각 외로 (우리가 흔히 이 책의 주인공이라 인식하는) 유비, 관우, 장비에게는 승리의 역사가 많지 않았습니다. 그들의 초년 생활을 보면 늘 패배의 역사였습니다. 한두 번 반짝했다 다시 패배해서 쫓기고, 다시 한 번 반전의 기회를 얻었나 싶으면 다시 된통 패해 다른 군벌의 휘하에 들어가 부하 생활을 하는 등 숱한 시련의 역사였습니다.

그랬던 유비가 진정《삼국지연의》의 주인공이자 삼국의 한 축으로 자리하게 된 것은 숱한 전투에서 패하고 친족이었던 유표(劉表)가 다스리던 군벌에 잠시 몸을 의탁할 때였습니다. 영지도 빼앗기고 쫓겨나서 세력의 상당수를 잃어버린 패잔병 신세였던 유비는 날이면 날마다 자신의 신세를 한탄하고 있었습니다. 그때 서서(徐庶)라는 사람이 자신의 친구였던 제갈량(諸葛亮)이라는 인물을 유비에게 소개시켜줬고, 그 이후 이야기는 우리가 익히 아는 바로 그 고사 '삼고초려(三顧草廬)'입니다. 제갈량이, 이름이 널리 알려져 있지도, 실력이 검증되지도 않은 인물이었음에도 유비는 세 차례나 그의 집을 방문해 절실하게 손을 내밀었습니다. 결국 그 정성과 진심에 감복한 제갈량이 합류하면서야 비로소 유비 일파는《삼국지연의》의 주인공으로 우뚝 설 수 있었습니다.

제가 늘 이야기하는 건데, 조조의 위나라는 넓은 평야에 펼쳐진 곡창지대를 기반으로 패권을 잡은 세력입니다. 손권의 오나라는 중국 남동해안의 항구와 내륙 수계를 활용한 풍부한 수산자원과 수운을 기반으로 성장한 세력입니다. 그러나 유비의 촉나라는 그런 것들이 아무것도 없었습니다. 땅은 좁고 험준했으며, 영토 내에 흐르는 강물은 운치는 있지만 경제적·군사적으로 활용하기는 어려웠습니다. 결국 그가 기대할 수 있었던 것은 오직 '사람', 사람밖에 없었습니다. 절실했기에 그는 더욱더 사람에게 '지극'했고, 그런 지극함에 감복한 수많은 영웅호걸이 몰려들었던 것입니다.

그 때문에 유비에게는 충직하면서도 무공이 높은 장수들이 많았습니다. 그런 이들 덕분에 무리의 리더로 추대될 수 있었고, 한 지역의 맹주로 군림할 수 있었습니다. 그러나 천하의 다스림을 도모하는 '군주'의 반열에 오르려면 그 '한쪽 날개'만으로는 부족했습니다. 처음에 유비는 그를 몰랐던 것입니다. 실제로 우리 주변의 대단한 인물들, 뛰어난 리더, 엄청난 사업가들조차도 '자신에게 없는' 한쪽 날개의 필요성을 잘 인식하지 못하는 이들이 많습니다. 유비 역시 상대방을 두려움으로 굴복시키기보다는 논리로 설복시키고, 힘으로 밀어붙이기보다는 전략과 전술로 사로잡는 제갈량이라는 다른 쪽 날개를 얻으면서 날아오르기 시작한 것입니다.

생각이 여기까지 미친 저는 앞서 이야기한 두 사람을 이어 서로에게 날개를 달아주기로 했습니다. 예상대로 두 사람의 만남은 성공적이었습니다. 탁월한 기술력의 제품을 손에 쥔 사람과 사람의 마음을 움직일 수 있는 힘을 손에 쥔 사람, 두 사람의 시너지는 환상적이었습니다. 두 사람은 양 날개로 슬슬 날아오르고 있습니다. 현재까지는 최고의 높이로 훨훨 잘 날고 있다고까지는 할 수 없지만, 오늘보다 내일이 더 기대되는 비행을 하며 성공을 향해 힘차게 날아가고 있습니다.

이처럼 사람(人)과 사람(人)이라는 두 점을 이어 하나의 완벽한 사람과 사람 사이(人間)를 만드는 데에서 새로운 기회가 만들어지고, 새로운 가치가 생겨납니다. 사업적으로 몇 차례 큰 성공과 쓰라린 실패를 맛보면서 저는 사람과 사람이라는 점을 연결 짓는 일을 저의 천직처럼 느껴왔습니다.

그리고 그런 생각들이 참 감사하게도 저 혼자서는 쉽게 생각하지 못했던, 아니 어쩌면 영원히 생각해내지 못했을 엄청난 사업적 아이디어와 다양한 해결책들을 가져다주었습니다.

02

답은 '그 사람'에게 있습니다

한 대선 후보의 선거 슬로건이 화제가 되었던 적이 있습니다. '사람이 먼저다'라는 그의 구호는 이전까지 다른 대선 후보에게서는 들을 수 없었던 구호였습니다. 1956년 3대 대선 때 민주당 신익희 후보가 내세웠던 '못 살겠다, 갈아보자' 이래 '보통 사람들의 위대한 시대'(노태우), '변화, 개혁, 신한국 창조'(김영삼), '준비된 대통령'(김대중), '새로운 대한민국!'(노무현) 등 유력 대선 후보의 선거 슬로건에는 '어떠어떠한 대통령이 되겠다', '어떠한 나라를 만들겠다'는 내용이 담기는 것이 일반적이었습니다. 그 때문에 '사람이 먼저다'라는 문구는 새롭게까지 느껴졌습니다. 그는 그해 선거에서 아슬아슬한 표차로 낙선을 했지만, 그의 선거 슬로건은 두고두고 사람들의 입에 오르내렸습니다.

그런데 사실 이 '사람이 먼저다'라는 문구는 이때 선거에서 갑자기 튀어나온 말이 아닙니다.

1860년 수운 최제우 선생이 창시한 동학(東學)과 그를 모태로 탄생한 민족종교의 하나인 천도교의 중심 사상 역시 '인내천(人乃天)', 바로 '사람이 곧 하늘이다'라는 뜻의 문구입니다. 그 유명한 '경주 최부자집'의 후손이었던 최제우 선생은 양반과 평민, 노비의 신분 차별이 아직도 공고하던 시절에 "사람이 곧 하늘이며 사람을 하늘처럼 섬기라(人乃天 事人如天)"고 설파하며 사람들에게 만인 평등의 사상을 주창했습니다. 그렇다면 '사람이 먼저다'라는 구호는 우리 민족의 전통 종교인 천도교에서 온 것일까요? 그런 것만은 아닌 듯합니다.

'동학'이라는 이름 자체가 "19세기 무렵 우리나라로 물밀듯이 들어온 서양의 종교 혹은 종교 관련 학문을 '서학(西學)'이라고 규정하고 그에 대항하는 우리 민족 고유의 종교 혹은 학문이라는 의미로 지은 것"이라는 해석이 무색하게 그 서학에 해당하는 기독교의 《성경》구절에도 동학의 '인내천' 사상과 똑같은 의미의 문장들이 여기저기에서 발견됩니다.

〈마가복음〉8장 36절에는 "사람이 만일 온 천하를 얻고도 자기 목숨을 잃으면 무엇이 유익하리요"라는 구절이, 〈마태복음〉16장 26절에도 역시 "사람이 만일 온 천하를 얻고도 제 목숨을 잃으면 무엇이 유익하리요 사람이 무엇을 주고 제 목숨과 바꾸겠느냐"라는 구절이 있습니다. 더 비슷하게는 다시 〈마태복음〉 25장 40절에 다음과 같은 말씀이 있습니다.

> 임금이 대답하여 이르시되 내가 진실로 너희에게 이르노니 너희가 여기 내 형제 중에 지극히 작은 자 하나에게 한 것이 곧 내게 한 것이니라.

신에 대한 순종을 중시하는 기독교에서조차도 《성경》에 담긴 말씀으로 '한 인간의 중요성'에 대해 몇 번이고 강조해 이야기하고 있습니다.

불교 역시 다르지 않습니다. 대승불교의 초기 경전이자 가장 대표적인 경전 중 하나로 꼽히며 '모든 경전의 왕'이라는 별명으로 불렸던 《묘법연화경(妙法蓮華經)》, 줄여서 《법화경(法華經)》에 담긴 중심 사상 역시 '사람이 먼저다', '사람이 곧 하늘이다', '사람이 온 천하를 얻고도 제 목숨을 잃으면 무엇이 유익하리요'와 일맥상통하는 이야기들이었습니다. 《법화경》에서 붓다는 과거와 현재, 그리고 끝없이 이어지는 미래에 걸쳐 존재하는 초월적인 존재로 묘사되고 있습니다. 그런 위대한 붓다가 이 세상에 온 이유는 '불교의 진실한 가르침은 오직 한 가지이며, 그 가르침에 의해 어떠한 인간(四部大衆)이라도 성불(成佛)할 수 있음'을 설파하기 위해서라고 이야기하고 있습니다.

즉 제각기 다른 언어, 다른 방식으로 이야기하고 있지만 모든 종교가 '사람이 먼저'임을, '사람이 곧 하늘'임을, '한 사람의 생명이 세상보다 귀함'을, '어떠한 사람이라도 위대한 성인이 될 수 있음'을 말하고 있는 것입니다. 우리가 바쁜 일상을 치열하게 살아오며 자꾸 잊고 살아서 그렇지, 우리의 본성에는 '한 사람을 천하보다 더 귀중히 여기는 정신'이 면면히 살아 숨 쉬어왔던 것입니다.

저 역시 그랬습니다. 사업을 해나가면서 제가 단 한 번도 잊은 적이 없었던 생각은, 사업은 결국 사람이고, 사업을 잘한다는 것 역시 사람을 어떻게 불러서, 어떻게 모으고, 어떻게 대하고 활용해 어떤 가치를 선사해줄 것인가 하는 것이었습니다.

또 어떠한 부류의 사람을 가려서 만나거나 차별해서 대한 적도 없습니다. 수백 억대 자산을 보유한 부자나, 가진 돈 한 푼 없이 빚만 쌓여 있는 사람이나 저에게는 모두 보물처럼 똑같이 귀한 사람들이었습니다. 해외에서 박사 학위를 받은 유명한 석학이나, 학교라고는 문턱 가까이조차 가본 적 없는 무학의 사람이나 저에게는 모두 배울 점을 갖고 있는 스승과 같은 사람들이었습니다.

그러다 보니 누군가 제게 전화를 걸어 '보고 싶다'거나 '만나고 싶다'고 이야기하면 저는 아무리 바빠도 차마 수화기 건너편 상대방에게 "내가 지금 바쁘니까 다음에 전화하라"거나 "다른 손님이

랑 술 마시고 있으니까 나중에 통화하자"라고 말을 해본 적이 없습니다. 무조건 만났습니다. 아무리 이른 새벽이건, 아무리 늦은 심야건 간에 일단 만나서 저를 만나고자 한 용무를 듣고, 조치해야 하는 일이 있으면 조치하고, 해결해줘야 하는 일이 있으면 해결해줬습니다. 상대가 감사하다고 하면 저는 그보다 더 깊이 고개를 숙여 인사하며 "제가 더 감사하다"고 말했습니다. 저에게는 어쩌다 한 번 연락해온 수많은 사람 중 하나일지 모르지만, 상대로서는 저를 떠올리고 제게 연락하기 위해 몇 날 며칠을 고민하다 어렵사리 걸어온 소중한 전화 한 통일 수도 있기 때문입니다.

그런데 안타까운 것은, 제가 워낙 약속이 많다 보니 누군가 그날 당일에 '오늘 만나자'는 연락을 해올 때 먼저 만나기로 한 약속이 있는 경우가 대부분이라는 것입니다. 그럴 때에도 저는 '약속이 있으니 다음에 만나자'고 간단히 만남을 미루는 일은 하지 않습니다. 만나서 얘기를 나눠야 할 사유가 시급하다고 느껴지면, 먼저 만나고 있던(혹은 만날 예정이던) 손님에게 양해를 구하고 전화를 건 상대에게도 양해를 구한 뒤 약속 장소로 오라고 해서 둘을 서로 인사시키곤 합니다. 그렇게 셋이서 즐겁게 어울리다가 자리를 봐서 저에게 하고 싶었던 얘기를 하도록 배려하곤 합니다.

그러다 보니 재미있는 일들도 많이 있었습니다. 서로 간에는 모르는 사이이고 저를 만나다가 우연히 알게 된 사이였는데, 자기들끼리 죽이 맞아서 이제는 제가 바쁘면 알아서 둘이 만나 즐겁게 어울리는 사이도 여럿 만들어졌습니다.

이 모든 것이 '한 사람이 천하보다 귀하고, 한 사람의 인생이 인류의 역사만큼이나 중하다'는 제 평상시의 생각 때문입니다.

사업을 해나가면서도 언제나 제 가장 우선순위는 '사업'이 아니라 '사람'이었습니다. 그리고 그러한 사람과의 관계에서 제가 가장 신경 썼던 것은 '배려'였습니다. 배려의 시작점은 '경청'이었습니다. 부탁할 일이 있어서 어떤 사람을 만나도 제가 먼저 부탁해야 할 것들에 대해 말을 꺼내본 적이 없습니다. 오히려 "요즘 뭐 힘든 것 없으세요?"라거나 "제가 뭐라도 좀 도와드릴 일이 있을까요?"라고 물어 상대에게 제가 도움을 줄 수 있는 것이 무엇일지부터 찾았습니다. 그렇게 이야기를 시작해 상대방이 현재 처한 상황과 둘러싸인 환경 등에 대해 충분히 듣고 공감하고 이해한 뒤에야 비로소 제가 하고 싶거나 해야 할 말들을 꺼내는 것이 평생토록 간직하고, 실행한 사람을 대하는 저의 원칙이었습니다.

또 제가 인간관계에서 가장 중요하게 생각하는 것이, '그 사람에게 맞추는 것'입니다. 한 사람에게만 꼭 맞는 맞춤 정장처럼, 어떤 사람과 좋은 관계를 만들기 위해서는 그 사람이 살아온 이력을 이해해야 합니다.

일례로, 친하게 지내는 동생 중에 내과의사 한 분이 있는데, 그는 인간관계를 어려워하여 만나는 사람들이 제한적입니다. 그렇지만 저는 그와 오랫동안 매우 친하게 지내고 있습니다. 왜냐하면 저는 그의 어느 한 가지 부분을 이해하기 때문입니다. 바로 '그는 언제나 저를 환자로 보고 있다는 것'입니다. 제가 배가 아프다고 하면, 그는 "아니, 형은 역류성 식도염이야"라고 하기도 하며, 제가 허리가 많이 아프다고 하면, 그는 "아니, 형은 위염이야"라고 말하곤 합니다. 이런 식으로 평소 대인 관계에서도 환자를 다루듯 이야기하곤 합니다. 마치 직업이 선생님인 사람이 누군가를 만나면 제자를 가르치듯이 이야기하고, 검찰 출신 변호사가 누군가를 만나면 조사하듯이 이야기하는 것처럼 말입니다.

그러나 이렇듯 그 사람의 특성, 그 한 가지만 이해한다면 다른 나머지 좋은 장점들이 매우 많기 때문에 사랑하고 존경하는 관계를 유지할 수 있습니다. 가족 관계에서도 마찬가지입니다. 예를 들어, 저의 와이프가 우리 아들을 바라보는 것과 우리 며느리가 우리 아들을 바라보는 것에는 큰 차이가 있습니다. 남편인 제가 자식을 야단치거나 훈계를 할 때 싫은 표정을 지을 때도 있는 것처럼, 사람마다 보는 관점과 생각이 다를 수밖에 없습니다. 또 직장인들은 첫 직장이 어디였는지에 따라서 직장에서의 관점이 다를 것입니다.

그러므로 누군가와 좋은 인간관계를 맺고 싶다면, 상대방이 살아온 과정과 출신 배경 환경에 대한 이해를 충분히 해야 합니다. 그 이해도에 따라 새로운 관계가 만들어질 것입니다.

그런데 갑자기 좀 뜬금없는 질문이기는 하지만, 혹시 젖소를 키우는 목장에 가본 적이 있으신지요? 저는 우연한 기회에 초대를 받아 젖소를 키우는 목장을 방문했던 적이 있습니다. 그곳에 방문하기 전까지는 목장이라고 해봐야 젖소가 도망가지 못하도록 울타리를 쳐놓고, 제때 사료나 주고 우유나 짜내는 것이 일의 전부일 거라 생각했습니다. 그러나 실제로 목장에서 사육하는 젖소들에게 쏟아붓는 지극정성은 저를 포함한 일반인들의 상상을 뛰어넘었습니다.

울타리는 그냥 치는 것이 아니었습니다. 최소한의 노동력으로 전체 젖소들을 효율적으로 통제할 수 있으면서도 젖소들이 공간 자체를 협소하게 느껴 스트레스를 받지 않도록 CCTV로 촬영한 젖소들의 생활 및 운동 패턴을 분석하고 컴퓨터 프로그래밍을 통해 공간 배치와 동선 계획을 작성해서 설치한 것이었습니다. 울타리는 예민한 젖소들에게 나쁜 영향을 미치지 않도록 디자인은 물론 재질까지 세심하게 배려했다더군요. 그것이 끝이 아니었습니다. 젖소들이 심리적인 안정감을 느낄 수 있도록 목장 내 젖을 짜내는 착유실에는 평온한 느낌의 클래식 곡을 틀어주는데, 젖소의 청력을 고려해 그들에게 가장 적합한 곡 위주로 선곡을 해서 들려주었습니다. 먹는 것은 더욱더 철저하게 관리되었는데, 우유의 원재료가 되는 원유의 맛을 더 좋게 유지하기 위해 사료의 성분을 조절하고, 주는 양과 횟수까지 정밀하게 맞춰서 제공하는 것을 보고 놀랐던 적도 있습니다.

　사람을 대할 때 역시 이 목장주처럼 해야 합니다. 또 어떤 부분은 이 목장주처럼 해서는 안 됩니다. 이것이 무슨 말이냐 하면, 우선 목장주처럼 해야 한다는 말의 뜻은 이렇습니다. 하물며 사람이 젖소를 대할 때도 이렇게 정성을 다하는데, 사람이 사람을 대하는 데 있어서 제대로 노력도 하지 않고 좋은 관계가 유지되기를 빌어서는 안 된다는 말입니다.

　간혹 "어떻게 하면 훌륭한 이들과 좋은 인맥을 맺을 수 있죠?"라고 물어오는 사람들이 있습니다. 간단합니다. 최소한 목장주가 젖소한테 대한 것 이상으로만 잘 대해주면 됩니다. 울타리를 그냥 막치지 않듯 관계를 이어나감에 있어서도 멀어지지 않도록 자주 안부를 묻고 힘든 일은 없는지, 도움이 필요한 사항은 없는지 살뜰하게 챙기되, 그것이 지나쳐서 부담을 느끼지 않도록 상대방의 입장에서 판단해 적절한 중용의 도를 지켜야 합니다. 젖소들에게 듣기 좋은 클래식 음악을 들려주듯 상대에게도 듣기 좋은 이야기를 들려줘야 합니다. '듣기 좋은 이야기'라고 해서 매번 입에 발린 칭찬이나 마음에도 없는 아첨을 하라는 얘기가 아닙니다. 같은 이야기를 하더라도 진심을 다해, 기왕이면 상대에게 도움이 되는 내용 위주로 긍정적인 표현을 사용해 전달하라는 말입니다. 말이 안 통하는 젖소에게도 하는데 같은 말을 쓰는 사람에게 못 할 것 없는 일입니다.

그리고 정작 더 중요한 것은, 이 목장주처럼 해서는 안 된다는 말을 지키는 것입니다.

목장주가 젖소에게 이토록 잘 해주는 이유는 무엇일까요? 간단합니다. 젖소에게 잘 해줘서 양질의 젖을 많이 짜내야 자신이 돈을 많이 벌고 부자가 될 수 있기 때문입니다. 그렇기에 젖소를 돌보는 데 최선을 다하고 젖소에게 뭐 더 해줄 것이 없을지 고민하는 것입니다. 그러나 사람을 대하는 데에서는 그런 생각으로 하면 안 된다는 말입니다.

목장을 방문했을 때 처음에는 대단한 시설과 체계적인 관리 시스템에 감탄하다가 문득 우유를 짜고 있는 젖소들을 바라보니, 한 가지 느껴지는 것이 있었습니다.

'저들은 행복하지 않구나…. 그리고 알고 있구나.'

착유를 하는 젖소들은 전혀 행복해 보이지 않았고, 말은 안 했지만 그들은 왜 목장의 주인인 인간이 자신에게 이렇게 잘 대해주는지를 알고 있는 듯했습니다. 하물며 사람은?

모르는 것 같지만, 모든 인간은 본능적으로 다 압니다. 상대가 자신에게 무언가 바라는 게 있어서 잘 해주는지 그렇지 않은지. 그 때문에 사람을 대하는 데 있어서 목장주가 젖소를 대하는 것처럼 하면 안 된다는 것입니다. 힘들겠지만 상대로부터 바라는 것을 머리에서 지워버리고 오직 상대만을 바라보며 진심을 다해 대하는 법을 배워나가야 합니다.

그런데 '아무런 대가도 바라지 말고 상대의 입장만 살펴 최선을 다하면 그걸 누가 알아주나?', '결국 나만 손해 보는 게 아닌가?' 하는 생각을 가질 수 있습니다. 하지만 아닙니다. 그걸 제가, 그리고 수많은 사람이 증명해왔습니다.

거듭 말하지만 사람은 천하보다 귀하기에 진심을 다해 사람을 대하면 꼭 '그 사람'이 아니더라도 천하, 세상으로부터 보답을 받습니다. 반드시.

03

사공이 많으면
배도 산으로 올릴 수 있다

저는 등산 예찬론자입니다. 하도 등산을 좋아하고, 좋아하는 사
람을 만나면 함께 산에 가자고 '등산 예찬'을 펼치는 바람에 사람
들은 제가 어려서부터 들과 산으로 뛰어다니며 자연을 누볐을 거
라 생각합니다. 하지만 사실 제가 제대로 등산을 한 지는 그다지 오
래되지 않았습니다. 물론 이제는 매주 두 번 이상 산에 올라야 직
성이 풀리고, 대한민국의 산은 물론 멀리 인도의 히말라야까지 원
정을 떠나는 이른바 등산 마니아가 됐습니다. 그러나 어린 시절이
나 젊은 시절까지도 등산과는 거리가 멀었습니다. 아니, 먼 삶을 살
아야 했습니다.

앞서 말씀드린 것처럼, 저는 초등학교 저학년을 벗어나는 무렵

부터 단 한순간도 또래 아이들처럼 맘 편히 친구들과 뛰어놀 수 없었습니다. 살고 있던 산동네에서 여섯 번을 철거를 당해 한동안은 전기가 끊겨 촛불을 켜놓고 산 적도 있습니다. 집에 제 방은커녕 결혼할 때까지도 모든 가족이 사글셋방에 모여 바글거리며 살아야 했습니다. 그러니 학교를 가기 전 혹은 학교를 마치고 나서는 늘 신문 배달과 우유 배달을 해야 했습니다. 청년·장년이 되어서도 마찬가지였습니다. 직장을 다니면서도 주말이나 야간에는 따로 아르바이트를 해야 했고, 그나마 비는 시간이면 못다 한 학업을 마치기 위해 책을 붙잡고 앉아야 했습니다. 등산은커녕 가까운 동네 야산에 나가 놀 시간도 제게는 허락되지 않았었습니다. 20대 초반 무렵 우연히, 정말로 어쩌다 보니 내장산에 한 번 올라가 본 것이 제 기억 속 등산의 전부였습니다.

그랬던 제가 난생처음 등산다운 등산을 하게 된 것은 사업을 시작해 한창 사업 경영이라는 것에 재미를 붙이고 열중할 때였습니다. 어느 날 알고 지내던 지역의 한 기관장께서 갑자기 "한 회장, 나랑 같이 산에 가지 않을래요?"라고 청해오신 것이었습니다. 그것도 야트막한 동네 뒷산이 아닌 강원도에 있는 오대산을 가자는 것이었습니다. 백두대간의 딱 중간쯤에 자리한 오대산은 산세가 아름답고 깊은 것이 마치 금강산 같다고 해서 소금강이라고 불리기도 하는데, 문제는 그 산이 강원도 강릉시와 평창군, 그리고 홍천군에 걸쳐 있을 정도이고, 한라산이나 설악산에는 미치지 못하지만 다른 여느 산과 비교해서는 월등히 높은 1563미터의 해발고도를 자랑하는 이른바 '큰 산'이라는 점입니다. 이래저래 등산 초보자가 어설프게 덤벼들 산은 아니었습니다. 하지만 함께 가자고 챙겨주신 분의 마음 써주심이 고맙기도 했고, 왠지 '이번에는 한번 제대로 산에 가볼까?' 하는 생각이 들기도 해서 덜컥 가겠다고 약속을 해버리고 말았습니다.

그런데 약속을 한 이후에 업무 일정표를 살펴보니 산에 가기로 한 전날이 마침 제가 경영하던 회사의 주주총회 날이었습니다. 그것도 대전광역시에서 말이죠. 아무리 생각해봐도 무리한 일정이었습니다. 하지만 그렇다고 제 성격상 한 번 내뱉은 말, 맺은 약속을 어길 수도 없었습니다. 대전에서 주주총회를 마치고 열심히 차를 달려 다른 일행들이 투숙한 평창 휘닉스파크 리조트에 도착했습니다. 시계를 보니 새벽 2시에 가까운 시간이었습니다. 그런데 정작 문제는 도착 시간이 아니었습니다. 아예 제 이름으로 된 방이 예약돼 있지 않았습니다. 하도 정중하게 초대해주셔서 산에 따라가겠다고 말은 했지만 업무가 너무 바쁘게 돌아가던 때라 혹시 못 갈 수도 있겠다는 생각에 숙소 예약 확정을 차일피일 미루고 있었는데, 마침 제가 늦은 시간이 되도록 오지 않자 예약해뒀던 방이 취소돼버린 것이었습니다. 부랴부랴 원주로 차를 몰아 자그마한 호텔방에 들어설 무렵은 이미 새벽녘이 가까워진 시간이었습니다. 낮에 주주총회장에서 열정적으로 에너지를 쏟은 터라 이대로 침대에

누우면 다음 날 산에 오를 시간에 눈을 뜰 수 없을 것 같았습니다. 선택을 해야만 했습니다.

'그래, 어설프게 자느니 차라리 밤을 새자.'

그렇게 뜬눈으로 밤을 지새우고 다른 일행과 만나기로 한 아침 7시에 오대산 입구에 도착했습니다. 지난밤 잠들기 전까지만 하더라도 대전에 있다고 했던 사람이 등산을 시작할 무렵 눈앞에 나타나 있자 일행들은 놀란 눈치였지만, 저는 능청스럽게 아무렇지도 않은 듯 일행과 어울려 산을 올랐습니다. 문제는 제가 등산을 할 아무런 준비가 돼 있지 않았다는 점이었습니다. 옷은 어제 주주총회장에서 입고 있던 양복바지에 신발 역시 등산화도 아닌 어디서 급하게 구해 온 그냥 일반 운동화였습니다. 저를 제외한 나머지 15명의 일행은 완벽하게 복장과 장비를 갖춘 상태였습니다. 그런 그들의 안쓰러운 시선을 한 몸에 받으며 산행은 시작되었습니다.

상원사 쪽에서 시작해 비로봉까지 가는 코스는 만만치가 않았습니다. 오대산은 과거 조선 왕실의 족보인 《선원보략(璿遠譜略)》을 외세의 침략과 재해·재난으로부터 안전하게 보관하기 위한 사고(史庫)를 지었을 정도로 산세가 깊고 길이 복잡하고 험합니다. 그 때문에 그 아름다움만큼이나 쉬이 오르기 어렵기로 유명한 산이어서 산행 초심자가 무턱대고 오를 만한 산은 아니었습니다.

다른 일행들은 저처럼 등산 초심자도, 아무런 준비 없이 온 이들도 아니었지만 그들에게도 오대산은 쉽지 않은 듯했습니다. 하나

둘 뒤처지다가 이내 슬슬 낙오하기 시작하더니, 6시간이 지나 오대산 정상에 오른 것은 저를 초대해주신 분과 저, 단 두 사람뿐이었습니다. 사실 저도 정상이 가까워질 무렵에는 온몸에 힘이 빠지고 다리는 풀려서 거의 네 발로 기다시피 했습니다. 그럼에도 끝까지 올랐던 것은 초대해주신 분께 나약한 모습이나 포기하는 모습을 보여주고 싶지 않았고, '함께 산을 오르겠다'고 한 약속을 꼭 지키고 싶다는 생각에서였습니다. 또, 더 솔직한 심정으로는 그분의 마음을 얻고 싶었습니다.

정상에 올랐을 때의 그때 그 기분을 저는 지금도 잊을 수 없습니다. 그건 단순히 산 정상에 오르겠다는 정복욕이 해소된 데에 따른 기쁨 때문만은 아니었습니다. 움 솟는 생명력의 상징과도 같은 초목의 생생한 녹색이 선사하는 심리적 상쾌함, 곳곳에 드러난 바위의 단단한 모습이 주는 강인한 힘, 그 사이를 비집고 불어오는 바람이 몸속 깊숙이 불어넣어주는 청량한 에너지, 그리고 그런 모든 기쁨을 함께 즐기기 위해 극한의 육체적 고통과 어려움을 나와 함께 이겨내고 함께한 산행 동료들. 이 모든 것이 더해져 비교할 수 없는 희열을 저에게 안겨주었습니다. 그렇게 등산은 저의 제일가는 취미 중 하나가 되었습니다.

그런 기쁨을 저 혼자만 누리기에는 너무나 아쉬웠습니다. 무엇을 하나 하더라도 열심히 하고, 또 좋은 게 있다면 혼자서 누리지 않고 다른 사람들과 함께 나누는 것을 즐기는 저답게 뜻 맞는 몇몇 분들을 회원으로 모시고 본격적인 산악회 모임을 시작하게 되었습니다.

그렇게 만들어진 모임이 '엉성산악회'입니다. 그런데 어쩐지 산악회 이름이 독특하지요? 산악회에 모인 회원들의 면면을 보면 산악회 이름 짓기가 그때 얼마나 어려웠을지 짐작할 수 있을 겁니다.

회원들 중에는 전문경영인을 포함해 커다란 사업체를 여러 개 경영하는 오너 기업인들도 있고, 자신의 일가에서 큰 부를 이룬 분들이 제법 계십니다. 그런 걸로만 치면 '무슨 무슨 경영인 산악회'라고 해야만 할 것 같습니다. 그런데 또 다른 회원들의 면면을 보면 자영업자, 회사원, 사회복지 사업가, 영화감독, 변호사, 회계사, 의사 등 여러 전문직 분들도 많습니다. 그런 것을 고려하면 '무슨 무슨 전문직 산악회'라고 해야 할 것 같기도 하고요. 그런데 또 다른 회원들을 보면 전·현직 판검사, 경찰관 분들이나 각종 기관장으로 공직 생활을 하신 분들도 있고, 핸드볼 국가대표 출신 국회의원과 아시안게임 마라톤 금메달리스트 출신의 방송인, 과거 청춘스타로 데뷔해 현재는 중견 탤런트로 TV를 누비는 연예인들도 있습니다.

이런 분들이 한데 어울려 산을 즐기다 보니 한데 안을 수 있는 품이 넓은 이름을 붙일 수밖에 없었습니다. 대신 산을 즐기고 대하는 마음 씀씀이나 회원 서로를 생각하는 가슴 품의 넓이는 절대로 엉성하지가 않습니다.

흔히들 "사공이 많으면 배가 산으로 간다"고 말을 하곤 합니다. 어떠한 일에 대해 입을 대는 사람이 많아지면 필요한 의사결정이 신속하고 정확하게 내려지지 못하고, 논의만 많고 분란만 일어나 결국 일이 엉뚱한 방향으로 흘러가는 것을 비꼬아 만들어진 말입니다. 맞는 말입니다. 굳이 역사 속 사례를 들지 않더라도 현재를 살아가는 지금 우리 주변만 보더라도 일을 하겠다고 나선 사람은 많은 것 같은데, 시끄럽기만 할 뿐 정작 해야 할 일을, 해야 할 방향으로, 제대로 하는 모습은 보기 힘든 경우가 비일비재합니다.

그런데 "강이나 바다로 가야 할 배가 산으로 간다"는 말은 역으로 다른 이들이 쉬이 이룰 수 없는 불가능과도 같은 일들을 해낸다고 생각할 수도 있지 않을까요? 강이나 바다의 물 위에 띄워두면 배는 알아서 두둥실 떠 갑니다. 반면 배를 산으로 올리기 위해서는 수많은 사람의 힘과 지혜가 필요합니다. 그런데 진정 뜻 맞고 마음 맞는 사람들이 모여 그런 사람들이 사공 노릇을 하면 커다란 배도 산 위로 올릴 수 있습니다.

바다보다 낮은 땅을 간척해 비옥한 화훼 농지로 만든 네덜란드인들, 리비아 사막 한가운데까지 수로를 연결시켜 농경지로 변모시킨 한국의 노동자들, 민간 자본과 민간 기술로 만든 재활용 가능한 우주선을 우주로 쏘아 올린 스페이스X의 CEO 엘런 머스크 같은 이들처럼 말이죠. 그들은 굳은 의지와 신념으로 뜻 맞는 동료들과 함께 배를 산으로 끌어올려 역사를 만들어낸 사람들이었습니다.

엉성산악회 역시 9년이라는 시간 동안 여러 가지 우여곡절도 많았지만, 그럴 때마다 늘 기꺼이 헌신해준 회원들과 서로 간에 믿고 합심해준 마음들 덕분에 오늘날까지도 즐겁게 잘 운영되고 있습니다. 다른 산악회들은 '건강'과 '안전 산행'을 첫 번째 모토로 내세우는데, 엉성산악회의 모토는 '배려'입니다. 사실 타인과 함께 산에 오르는 행위는 배려가 없으면 힘든 일입니다. 더군다나 서로 다른 일을 하는, 다양한 연령대의 사람들이 함께 10년 가까이 큰 탈 없이 즐겁게 산을 오른다는 것은 서로 간의 배려가 없다면 결코 쉽지 않았을 일입니다.

제가 즐겨 암송하는 《성경》 구절이 있습니다.

형제들아 너희가 자유를 위하여 부르심을 입었으나 그러나 그 자유로 육체의 기회를 삼지 말고 오직 사랑으로 서로 종 노릇 하라 (갈라디아서 5장 13절)

너희 중에 누구든지 으뜸이 되고자 하는 자는 모든 사람의 종이 되어야 하리라 (마가복음 10장 44절)

두 구절 모두 무언가를 얻고자 하려면 최고가 되어 우뚝 서려 하기보다는 먼저 남을 배려하고 도우라는 뜻을 담고 있습니다. 아마도 엉성산악회의 회원들이 이 구절에 담긴 속뜻을 가장 잘 이해하고 실천한 분들 중 하나가 아닐까 합니다. 사회적으로는 모두 성공한 이들이고, 특정 분야 또는 조직에서 리더로 꼽히는 이들이지만, 산을 함께 탈 때만큼은 서로가 더 낮은 자리에서 다른 회원들을 모시고, 배려하려는 생각과 행동으로 함께해왔기에 오늘날의 엉성산악회가 있을 수 있었습니다.

그렇게 오늘도 엉성산악회는 늘 기꺼이 헌신하며 서로 믿고 합심해주는 회원들 덕분에 매주 두 번씩 산 위로 커다란 배를 끌어올리고 있습니다. 모두가 함께 더불어 건강하게 잘 살 수 있다는 믿음의 배를 말이죠.

04

'감사합니다'라는 말에 담긴 힘

매번 드라마에 묘사된 몰락한 재벌, 부패한 고위 관료 등을 볼 때마다 재미난 것이 하나 있습니다. 그들의 입에서 절대로 나오지 않는 대사 '한마디'가 있다는 사실입니다. 일면 이해가 갑니다. 잘생기고 선하고 용감한 주인공을 괴롭히거나 못살게 구는 역할인데, 그런 캐릭터가 그 한마디를 내뱉으면 영 느낌이 안 살 것 같기도 하기 때문입니다.

그런데 그 한마디가 안 나오는 것은 단순 작가의 상상력 때문만은 아닌 것 같습니다. 실제로 뉴스나 다른 매체를 통해 진짜 죄를 저지른 부유층이나 고위 공직자, 정치인들이 등장하는 모습을 보면, 누군가 써준 입장문 등을 읽을 때를 제외하면 그 한마디를 이야기하는 것을 잘 보지 못했으니 말입니다.

감사합니다.

바로 이 한마디입니다. 실제로 그렇습니다.

그런데 한 가지 재미있는 것은, 그 한마디를 잘 하지 않는 특성이 재벌이나 고위 관료의 특성이 아니라 '몰락한' 이들이나 '부패한' 이들의 특성이라는 점입니다. 실제로 자신의 실력을 기반으로 승승장구해온 성공한 기업인이나, 열심히 일하고 성실하게 살아서 현재의 자리까지 올라온 고급 공무원들은 입버릇처럼 '감사합니다'와 '고맙습니다'를 달고 삽니다. 이는 자신보다 높은 사람이나 강한 사람에게든, 자신보다 어리거나 직급이 낮은 사람에게든 가리지 않고서 그렇습니다.

저 역시 그렇습니다. 손에 쥔 것이 아무것도 없었을 때부터 '감사합니다'라는 말을 입버릇처럼 하고 다녔습니다. 때로 모두가 외면하고 모두가 모른 체해서 세상에 나 혼자 떨궈진 것 같다고 느꼈던 순간에도 저는 '감사합니다', '감사해요', '고마워요'라는 말을 입에 달고 살았습니다.

그러다 보니 가까운 지인이나 회사 직원들과 대화를 하다가 이런 식의 핀잔을 들을 정도였습니다.

나 : 감사해요~

지인 : 회장님은 뭐가 맨날 그렇게 감사하세요?

나 : 그냥 다 감사하지요. 오늘 저를 만나러 와준 것도, 저와 밥을 같이 먹어준 것도 모두 다!

지인 : 그래도 맨날 '감사합니다', '감사해요' 하기가 힘들지도 않으세요?

나 : 아, 제가 힘들 거라 걱정해줘서 감사해요.

지인 : 아니, 그러니까 그만 '감사'하시라니까요?

나 : 네, 다음부터는 적당히 감사할게요. 좋은 거 알려줘서 감사해요~

　　이처럼 누가 들으면 말장난한다고 할 정도로 저는 '감사합니다'를 자주 입에 올리며 삽니다. 이는 어린 시절 어머니의 삶으로부터 자연스럽게 배워서 그렇게 된 것이기도 하고, 이후 스스로 훈련을 통해 깨우친 삶의 지혜라서 그렇게 된 것이기도 하며, 결국에는 삶에서 늘 그 강력한 힘을 느꼈기에 자연스럽게 버릇이 된 것이기도 합니다. 신실한 크리스천이셨던 어머니는 감사가 늘 입에 붙어 있었습니다. 어린 시절의 제 눈에는 도무지 누구에게도 감사할 일이 없고, 삶 자체가 뭐라 감사할 것 없이 혹독한 가난과 질병으로만 점철된 삶이었음에도 어머니는 늘 감사해하셨습니다. 〈데살로니가전서〉 5장에는 다음과 같은 말씀이 나옵니다.

항상 기뻐하라, 쉬지 말고 기도하라, 범사에 감사하라.

제가 아는 한 어머니는 이 구절을 본인의 삶에서 가장 완벽하게 실천하신 분 중 한 분입니다. 늘 사소한 것에서 기쁨을 찾으셨고, 쉬지 않고 틈만 나면 다른 이들을 위한 기도를 드리셨으며, 하찮은 일이나 자잘한 선물에도 늘 감탄하시고 감사하셨습니다. 물론 아버지께는 가끔 감사의 표현만큼 구박을 하시기도 했지만…. 그러나 그 또한 오래도록 함께 같이 산 옛 시절 부부간의 속정 담긴 또 다른 감사의 표현임을 아버지가 떠나신 후에야 알게 되었습니다.

인생의 초반에는 그러한 어머니의 삶의 교훈 덕분에 감사하는 습관이 생기기 시작했다고 한다면, 이후에는 '감사함'의 강력한 힘과 소중한 가치를 깊이 느꼈기에 감사하며 사는 것을 인생의 행동 양식으로 삼게 되었습니다.

제 나이 열여덟 살 무렵의 일입니다. 당시 울산의 한 조선소에서 일할 때였는데, 제 또래 동기들은 모두 기숙사였던 '제2사원 숙소'에서 생활했습니다. 저 역시 그랬는데, 토요일까지 작업을 하고 기숙사로 돌아오면 잠에 곯아떨어져서 일요일은 늘 늦잠을 자곤 했습니다. 문제는 그러다 보니 일요일 아침 식사를 놓치기 일쑤였다는 점입니다. 잠이 부족했지만, 한창 먹성 좋을 나이에 먹을 것은 더 부족했기에 이러지도 저러지도 못했습니다.

그러던 중 크리스마스이브 무렵이 되었습니다. 생각 끝에 몇 푼

안 되는 용돈을 털어 스타킹 6개와 고무장갑을 샀습니다. 그리고 예쁘게 포장한 뒤 기숙사 식당에 근무하시는 한 분 한 분께 편지를 적었습니다. 잘은 기억이 나지 않지만 "이모님, 늘 누이같이, 어머니같이 맛있는 밥 챙겨주셔서 감사합니다. (중략) 그러하오니, 일요일 아침 배식하고 남은 것을 조금만 늦게까지 남겨놔 주시면 안 될까요? 감사합니다" 정도의 내용이었던 걸로 기억합니다. 이후 어떻게 되었을까요?

일요일 늦게 식사하는 이들을 위해 식당 한편에 음식을 남겨놓은 것은 물론, 심지어 늦잠을 자고 있으면 제 방에 밥을 챙겨서 가져다주시는 이모님이 계실 정도였습니다.

옥스포드 사전에서 감사를 뜻하는 영어 단어는 'gratitude(그래티튜드)'입니다. 이 단어는 '호의'를 뜻하는 라틴어 'gratia(그라티아)'와 '기쁘게 함'을 뜻하는 'gratus(그라투스)'에서 유래했다고 알려져 있습니다. 즉 우리가 누군가에게 한 번 감사를 표할 때 그 감사는 상대의 호의에 대한 사례를 표하는 것이기도 하지만 상대를 기쁘게 하는 행동이기도 한 것입니다. 우리가 한 번 감사하다고 할 때 상대가 제게 베푼 호의에 대한 대가를 치르는 동시에 다시 상대를 즐겁게 하는 저의 호의가 시작되는 것입니다. 그 때문에 "감사가 감사를 낳고, 고마움이 고마움을 낳는다"는 말이 생겨난 것입니다. '감사합니다'라는 말에는 세상을 바꿀 만한 강력한 힘이 있습니

다. 감사하며 사는 삶만이 세상을 변화시킬 수 있습니다. 저는 그를 비교적 어린 시절에 깨달았기에 이후 제 인생은 세상 모두에 대해 감사하며 사는 삶이 되었습니다.

그런데 '감사합니다'라고 해서 다 같은 '감사합니다'는 아닙니다. 특히 소중하게 감사를 표해야 할 때가 있습니다. 그것은 바로 우리 일상에 자주 등장하는 친숙하거나 사소한 사람, 사건, 사물에 대한 감사의 표현입니다. 혹시 오늘 아침 함께 밥을 먹은 식구에게 고맙다는 얘기를 하셨는지요? 어젯밤 무사히 집으로 귀가한 가족에게 감사하다는 이야기를 하셨는지요? 매일 아침 밥상을 차려주는 아내나 어머니께 감사 인사를 한 적이 있으신지요? 탈 없이 건강하게 자라준 아이들에게 진심으로 고맙다고 얘기한 적은 있으신지요?

물론 잘하고 있는 이들도 있겠지만, 일반적인 한국인들의 특성상 이런 사소한 일상에 적극적으로 감사의 인사를 하며 사는 이들은 극히 적은 것으로 알고 있습니다. 이제라도 바뀌어야 합니다. 감사함을 곁에 두고 사는 삶은 그렇지 않은 삶과 삶의 질 자체가 확연하게 다릅니다.

앞서 언급했듯 제게는 지금까지도 매년 '어버이날'과 '스승의 날'이면 꽃과 편지를 챙겨 보내드리는 분들이 계십니다. 그런데 그분들은 제 실제 부모님도, 모교 선생님도 아닙니다. 제가 평상시에 늘 만나거나 연락을 나누는 가까운 친구들이나 친한 선배들입니다.

심지어 저보다 나이 어린 동생분들도 있습니다. 그분들께 '지난 한 해도 돌봐줘서 감사하다', '지난 한 해도 소중한 가르침을 주셔서 감사하다'는 메시지를 담아 꽃을 보내드리고 있습니다.

다른 일을 할 때도 그렇지만, 사업을 하다 보면 어려움을 겪을 때가 참 많습니다. 저 역시 숱한 어려움을 겪었습니다. 물론 그 '어려움'란 것이 큰 배움과 교훈을 얻는 기회가 되기도 하고, '내가 제대로 된 방향으로 삶을 살아가고 있는 것인가?'를 한 번 더 되짚어보는 중요한 계기가 되기도 하지만, 어려운 건 어려운 거죠. 그 어려움을 홀로 넘어서기란 참 힘이 듭니다. 사업을 하다가 맞닥뜨린 가장 어려웠던 시기에 만났던 친구가 있습니다. 한 번 흘러간 인생은 다시는 돌아오지 않는다는 인생의 일회성을 생각해볼 때, 만일 내 인생에서 존경하는 이 친구를 만나지 못했다면 지금의 나는 어떤 삶을 살고 있을까 하는 생각이 들어 아찔하기만 합니다.

존경하는 그 친구와 저의 첫 만남은 뜻밖에도 의뢰인과 변호사로서의 만남이었습니다. 지금이야 국내 굴지의 로펌 대표 변호사로 활약 중인 유명 변호사이지만, 그 당시의 친구는 이제 막 판사를 그만두고 개업한 새내기 변호사였습니다. 비록 첫 만남은 변호 의뢰로 시작되었지만, 이후 그는 정말로 혼신을 다해 저와 함께해주었습니다. 그 모습에 감동한 저는 나중에는 큰 어려움을 겪고 있는 제가 걱정되는 것이 아니라 '나를 헌신적으로 변호해주고 있는 저 친구가 혹시라도 좌절하면 어쩌나', '혹시라도 패소해서 이제 막 변호사 생활을 시작하는 저 친구의 커리어에 오점으로 남으면 어떻게 해야 할까?'만을 걱정할 지경이 되었습니다.

심지어 재판의 막바지가 가까워올 무렵에는 그의 도움을 받아 제가 살겠다는 생각보다 오히려 제가 그에게 용기를 주고, 힘이 되어주고 싶다는 생각밖에 없었습니다. 그러다 문득 그가 제 어버이 같다는 생각이 들었습니다. 자신을 돌보지 않고, 오로지 저를 위해 진심으로 걱정해주고 마치 제 머릿속, 흉금에 들어왔다 나간 듯 세심하게 제 사정을 살펴 저를 대변해주고 있는 그가 저를 낳아주고 길러준 어버이 같다는 생각이 들었습니다. 천륜이 맺어준 어버이와 자식 관계는 아니지만, 그보다 더한 운명과 서로의 진심이 맺어준 또 하나의 어버이와 자식 관계. 이후로 그와 저는 평생을 함께 갈 둘도 없는 친구가 된 것은 물론 매년 어버이날이 되면 저는 그에게 감사의 마음을 전하고 있습니다.

그 친구를 포함해 사업을 하면서 도움을 주시고 가르침을 주신 스물여섯 분의 지인들께 지난 수십 년간 저는 어버이날이면 감사의 메시지를 담은 꽃과 와인, 그리고 케이크를 보내고 있습니다. 마치 제 부모님께 카네이션을 달아드리듯 말이죠.

그런데 그런 저만의 어버이날 행사 역시 저에게는 큰 선물로 되돌아왔습니다. 물론 제가 감사의 뜻을 담은 꽃 등을 보내드리는 것은 오로지 그분들께 진심으로 감사한 마음을 느껴서 하는 일입니다. 그러나 그 파급효과는 거기서 끝이 아니었습니다. 가까운 그분들께 감사의 마음을 전달하는 그 순간, 그보다 훨씬 더 많은 감사의 마음이 제게도 전해지는 것을 느낍니다. 그리고 그 느낌이 제 인생을 풍요롭게 만들어주었고, 지금의 저를 만드는 데 큰 영향을 미쳤습니다.

세계적인 방송인이자 소문난 갑부로 유명한 오프라 윈프리는 매일 아침 수첩에 '오늘 하루가 감사한 이유' 몇 가지를 꾸준히 적은 것이 현재의 자신을 만든 원동력이라고 공개한 적이 있습니다. 그 내용으로 책까지 써서 베스트셀러에 오르기도 했습니다. 하루에 한 번, 그것도 상대방 사람이 아닌 수첩에 일방적으로 '감사함'을 적는 것만으로도 엄청난 성공을 거둔 것입니다. 그런데 만일 날마다 밥을 차려주고 식사 시간을 함께해주는 아내에게 빼먹지 않고 '고마워요'라고 감사의 인사를 한다면, 아침에 출근하고 저녁에 퇴근하는 남편에게 '수고했어요. 감사해요'라고 고마움을 표한다면 어떨까요? 또 학교에 다녀온 자녀에게 "공부 잘 했어?", "성적표 나왔니?"라고 묻는 대신 "오늘 하루도 잘해보자. 고마워"라든가 "학교 무사히 잘 다녀와서 고맙다"라고 감사한 마음을 전한다면 우리는 분명 오프라 윈프리가 누렸던 감사의 힘보다 몇 배나 더 큰 힘을 훨씬 더 자주 얻게 될 것입니다.

여러분! 감사합니다!

05

모두가 알지만 누구도 제대로 알지 못한
'승리의 비법'

세상 사람 모두가 한목소리로 '예'라고 대답하게 만들 수 있는 질문이 있을까요?

"봄을 좋아하나요?"라는 질문은 어떨까요? 생각해보면 제 주위만 하더라도 가을이나 겨울을 훨씬 좋아하는 사람이 수두룩하고, 봄이면 꽃 알레르기로 고생하는 사람도 여럿 있으니 적절하지 않은 것 같습니다. 그럼 "잘생긴(혹은 예쁜) 사람을 좋아하나요?"라는 질문은 어떨까요? 이 또한 '잘생긴(혹은 예쁜) 애들은 꼭 얼굴값을 한다'며 싫어하는 사람들도 있으니 역시 아닌 것 같군요.

그렇다면 이 질문은 어떨까요?

"부자가 되고 싶나요?"

적어도 저는 이 질문을 던졌을 때 '아니요' 혹은 '싫어요'라고 답하는 사람은 보지 못했습니다. 물론 '머리가 빈 부자가 되기 싫다'거나, 혹은 '가슴이 식어버린 부자가 되기 싫다'거나 '너무 부담스럽게 과한 부는 갖기 싫다'는 식으로 이런저런 전제 조건을 달면서 '싫다'고 말한 이들을 몇몇 보기는 했지만, 진심으로 전혀 부자가 되기 싫다고 말한 사람을 저는 만나본 적이 없습니다.

오히려 저를 만나는 이들 중 상당수가 시간 날 때마다 "어떻게 하면 부자가 될 수 있습니까?"라고 물어오고는 합니다. 심지어 초청을 받아서 제가 운영하는 사업 영역 중 하나인 바이오 제약 산업과 관련된 특강을 하러 간 자리에서나 제 박사 전공인 MIS(Management Information System, 경영정보시스템)와 관련한 미팅에 참석했을 때에도 종종 "어떻게 하면 부자가 될 수 있을까요?"라는 질문을 받고는 할 정도입니다.

더 나아가 이제는 '부자가 되고 싶다', '부자가 될 수 있는 방법을 알려달라'고 하는 연령대가 직장인에서 대학교 1~2학년생까지 내려왔으니, 가히 '부자 되기 열풍'이라고 할 만합니다. 나쁜 현상은 아닙니다. 과거에 비해 현실을 보다 빨리, 객관적으로 인식하고 그에 대한 준비에 나선 것이라고 볼 수 있습니다. 다만 보다 거대하고 조금은 허황된 꿈을 꿔도 좋을 나이일진대, 벌써부터 현실적인 고민에만 집착하도록 이 사회가 부추기는 것 같아 기성세대의 한 사람으로서 조금은 미안한 감정이 있습니다.

어찌 됐든 하도 여기저기서 그런 질문을 받다 보니 아예 이 책에서 공개적으로 제가 알고 있는 부자가 될 수 있는 비결을 말하고자 합니다. 물론 이것은 부자가 되는 비결일 뿐 아니라 우리가 살아가는 모든 영역에서 원하는 성공을 거둘 수 있는 비법이기도 합니다. 한 가지 재미있는 것은 이 '비법'이 놀랍게도 수년 사이 세계 최고의 부호 반열에 오른 아마존 창업자인 제프 베조스 회장과 일본 최고의 부자이자 세계적인 기술 투자자인 손정의 소프트뱅크 그룹 회장이 부자가 된 비결 혹은 성공한 비법과 정확하게 일치한다는 점입니다.

자, 그럼 지금부터 부자가 될 수 있는, 아니 제대로 실천할 경우 부자가 될 수밖에 없는 비법을 털어놓도록 하겠습니다.

도천지장법(道天地將法)

어디선가 많이 들어본 말인 것 같지 않으신가요? 그렇습니다. 이 다섯 글자는 '오사(五事)'라고 하여 《손자병법(孫子兵法)》〈시계(始計)〉 편의 핵심 내용입니다. 물론 《손자병법》의 저자 손무는 이 다섯 글자가 의미하는 요소를 부자가 되기 위한 필수 요소가 아닌 전쟁에서 승리하기 위한 필수 요소로 들었지만, 현대 자본주의 시대에서 사업이나 투자를 통한 이익 창출이 곧 치열한 전투요, 참혹한 전쟁이지 않겠습니까?

후대에 오면서 그 이론에 감명받은 여러 사람이 이를 자신의 사업 영역이나 투자 영역에 접목시켰고, 그로부터 거둔 성과를 통해 이 비법의 어마어마한 힘을 입증해 보이고 있습니다. 앞서 언급한 제프 베조스나 손정의 같은 역사에 길이 남을 위인급 부자들은 물론이거니와 우리나라에서 사업을 영위하거나 투자에 나선 숱한 부자들 역시 이 '도천지장법'을 실천해 엄청난 부를 거머쥐었습니다.

그렇다면 '도천지장법'의 구체적인 내용은 어떨까요?

첫째, 도(道)는 목표를 공유하는 것을 말합니다. 손무는 전쟁에 임함에 있어 백성들이 군주와 뜻을 함께해 반드시 이기고자 해야 상대를 이길 수 있음을 강조했습니다. 이는 돈을 벌기 위해 사업을 하거나, 저축이나 투자를 하거나 할 때도 마찬가지로 적용됩니다. 그냥 대충 혼자의 생각만으로는 절대로 부자가 될 수 없습니다. 왜 부자가 되어야 하는지, 왜 부자가 되고 싶은지, 어떻게 부자가 될 것인지를 구체화해서 분명한 목표를 수립하고 그를 전략화해 나와 관계된, 혹은 나와 함께할 사람과 적극적으로 공유해야 합니다. 그 대상이 사업을 하는 사람들은 함께 일하는 동료나 후배 직원이 될 것이요, 투자를 하는 사람은 투자를 돕는 금융사 직원이나 조언을 해줄 수 있는 지인이 될 것이요, 개인적으로 재테크를 하는 사람에게는 함께 생활하며 부를 축적해나가야 할 배우자나 가족이 될 것입니다. 제프 베조스나 손정의 역시 이 '도'를 매우 중요하게 여겼습니다.

제프 베조스는 1997년부터 매년 아마존의 주주들에게 공개편지를 보내는데, 이 편지에는 아마존의 현재 경영 상황과 향후 어떤 방식으로 아마존을 성장시켜나갈 것인지를 소상히 밝히고 있습니다. 손정의 역시 자신의 계획을 필요로 하는 사람과 공유하고 뜻을 한데 모으는 것을 중요시하는데, 2010년에는 손 회장이 직접 주도해 전 임직원들의 뜻을 모아 '소프트뱅크의 신 30년 비전'을 만들어 공개하기도 했습니다. 그 과정은 영상물로 만들고 책으로도 출간되었는데, 그것을 보면 그가 얼마나 이 '도'를 중요시하는지를 잘 알 수 있습니다.

둘째, 천(天)은 하늘의 때, 즉 '천시(天時)'를 말합니다. 이는 단순히 하늘이 정해준 때를 의미하는 것이 아니라 요즘말로 타이밍, 외부 환경의 변화, 대세, 트렌드 등을 복합적으로 말합니다. 아무리 난다 긴다 하는 기술자를 고용해 탁월한 제품을 만들어도 트렌드가 바뀌어 아무도 그 제품과 관련한 기술을 이용하지 않게 된다면 장사를 하려 해야 할 수가 없습니다. 최고 스펙의 피처폰을 개발했지만 대세가 이미 스마트폰으로 넘어가 버려서 순식간에 시장점유율을 10% 이상 날려먹었던 모 전자업체의 사례나, 특정 방식의 녹화 기술을 채택한 비디오테이프 레코더를 개발했으나 시장 표준이 다른 방식을 택하게 되면서 시장에서 사라져간 일본의 모 전자업체 사례 등이 대표적입니다. 개인 역시 마찬가지입니다. 아무리 거액의 자금을 확보해 투자에 나선다 하더라도 주식시장이 전반적인 하락장이거나 개인이 예측해 대응하기 힘들 정도로 변동성이 큰 장이라면 돈을 벌려고 해야 벌 수가 없습니다.

이 때문에 큰 부자들은 반드시 시장을 살피고 트렌드를 연구해 아무리 겉으로 좋아 보이는 기회라 하더라도 그 한순간만 보지 않고 연속되는 변화 속에 어떤 추이를 보이는지, 변화하는 트렌드가 어떠한지, 과연 의사결정을 내릴 적절한 타이밍인지를 면밀히 살펴 사업의 추진이나 투자의 적절성 등을 판단했습니다.

셋째, 지(地)는 땅의 멀고 가까움, 험준함과 평탄함, 넓음과 좁음을 말합니다. 실제 전쟁을 치를 때에는 병력을 배치하고 진영을 구축하기 위해 반드시 고려해야 하는 지리의 문제를 말합니다. 그러나 현대에 와서는 이 '지'가 단순히 '땅'만을 의미하는 것이 아니라 산업의 영역이나 시장 전반 혹은 업계 전체를 의미하는 '필드(field)', '마켓(market)' 혹은 '인더스트리(industry)'의 의미로 쓰이고 있습니다. 제프 베조스는 확고한 경쟁의 우위를 지키기 위해 아마존뿐만 아니라 아마존과 거래를 하는 구매자(customer)와 판매자(seller), 그리고 시장 전반과의 관계에 대해 집중했습니다. 그를 통해 그 유명한 아마존의 수확체증 모델인 '아마존 플라이휠(Amazon Flywheel)'이 만들어졌습니다. 아마존을 보다 많은 사람이 찾도록 잘 운영하면 판매자들이 물건을 팔기 위해 몰려들 것이고, 다양한 판매자들 덕분에 선택의 폭이 넓어지면 구매자는 맘에 드는 물건을 싸게 구입하는 만족스러운 경험을 하게 됩니다. 이것이 첫 번째 아마존 플라이휠입니다. 이 휠이 잘 돌아가면 돌아갈수록 아마존은 더더욱 성장하고, 규모가 커진 아마존은 더 싼 비용 구조를 만들어낼 수 있으며, 그로 인해 더 낮아진 제품 가격은 다시금 고객에게 더 좋은 경험을 제공하게 됩니다. 이것이 두 번째 아마존 플라이휠입니다. 이 두 휠이 복합적으로 돌면서 점차 커져가도록 한다는 것이 아마존의 핵심 전략이었는데, 현재까지는 완벽하게 성공하고 있습니다.

우리 역시 마찬가지입니다. 부자가 되고 싶다면, 더욱이 사업적으로 성공하고 싶다면 단순히 내 회사와 투자하고 싶은 회사만을 바라볼 것이 아니라 전반적인 시장과 산업 영역에서 돌아가는 상황을 거시적으로 통찰할 수 있는 안목을 길러야 합니다.

넷째, 장(將)은 장수의 덕을 말하는 것으로 용인술을 뜻합니다. 돈을 벌고 싶거나 성공을 하고 싶다면 그 전에 내 주위에 좋은 사람을 불러들여야 합니다. 그러기 위해서는 본인의 진심을 다해야 합니다. 돈을 쓴 만큼 좋은 제품을 구할 수 있듯이 온 진심을 다해야 좋은 인재를 구할 수 있습니다. 제프 베조스나 손정의에게서, 그리고 다른 수많은 성공한 경영자나 부자가 된 사람들에게서 공통적으로 발견할 수 있는 모습이 있는데, 바로 우수한 인재를 곁에 두기 위해 거의 병적으로 집착하는 모습들입니다. 심지어 아마존은 급격한 성장에 발맞춰 업계 최고의 인재를 빠르게 충원하기 위해 제프 베조스로부터 전권을 위임받은 '바 레이저(Bar-Raiser)'라는 이름의 채용 암행어사 직책을 신설하기도 했습니다. 현업 부서가 현실에 타협해 탁월한 수준이 아닌 그저 그런 평범한 사람을 채용하려 하면 그에 대해 전면적인 거부권을 행사하도록 한 것이죠. 덕분에 아마존은 현재까지도 업계 최고 수준의 인재를 채용해올 수 있었습니다. 이외에도 부자들의 사람에 대한 욕심은 일반인들의 상상을 초월할 정도입니다. 왜냐하면 그들 역시 사람이 곧 모든 것이요, 일도 사람이 하는 것이고 돈도 사람이 버는 것임을 너무나도 잘 알기 때문입니다.

마지막으로 다섯째, 법(法)은 도구나 시스템을 말합니다. 과거 전시라고 한다면 동원 체제나 보급 체계 등을 말하는 것일 텐데, 현대에 와서는 각종 제도나 규정과 같은 구시대의 매니지먼트 수단으로부터 시작해 사업 구조나 수익 모델 또는 AI 운영이나 빅데이터 수집·관리 체계 등과 같은 IT 시스템이나 소프트웨어까지도 '법'의 영역에서 다뤄지고 있습니다. 앞서 예를 들었던 '아마존 플라이휠' 역시 바로 이 법입니다.

과거 한동안 '도', '천', '지'에 비해 조금은 등한시돼왔던 것이 '장'과 '법'이었는데, 리더십의 중요성이 부각되면서 먼저 '장'이 주목을 받기 시작했고, IT 기술의 발달로 플랫폼, 공유 체계 등의 중요성이 재인식되면서 '법' 역시 많은 이들의 관심을 끌기 시작했습니다.

이에 대해서는 다른 누구보다 손정의가 앞서가는데, 이유는 그가 세계적인 규모로 운영되는 비전펀드의 운영 주체이기 때문입니다. 2016년 사우디아라비아 국부펀드, 퀄컴, 애플 등과 손을 잡고 각 펀드당 1000억 달러 이상의 재원을 확보해 유망한 벤처들을 대상으로 투자를 펼쳐나가고 있습니다. 그의 시도가 성공하게 된다면 그는 전 세계에 걸쳐 방대한 투자 네트워크와 수익 창출 시스템을 갖추게 됩니다.

이에 조금 덧붙여 '열정'과 '데이터'의 중요성에 대해 말하고 싶습니다.

'어떤 일을 꼭 해보고 싶다', '어떤 일을 꼭 해내고야 말겠다'는 열정이 만들어내는 몰입은 놀라운 힘을 발휘합니다. 그 힘들이 모든 실행력과 변화의 주된 동력이 됩니다. 그 때문에 함께 일할 직원들을 채용하거나, 새로운 사업을 함께할 파트너를 선정할 때 저의 첫 번째 판단 근거는 '열정을 갖고 있느냐'가 됩니다. 그러나 열정만 갖고 모든 일을 성공할 수는 없습니다. 그러한 열정의 기반이 되는 충실한 '데이터'가 필요합니다. 그나마 기업들은 데이터를 전담하는 부서도 있고, 데이터를 활용하는 시스템도 갖춰져 있기에 나은 편이지만, 개인의 경우 데이터를 등한시하는 경우가 종종 발생합니다. 특히 열정이 많은 이들일수록 감정 등에 치우쳐 데이터에 의한 판단보다는 주관적인 판단을 내리고 잘못된 방향에서 열정을 낭비하는 경우도 종종 발생하고는 합니다.

　저 같은 경우, 어떠한 일을 시작하기로 하면 그와 관련한 회사 내의 데이터와 사외 각계각층의 전문가 그룹으로부터 관련 데이터를 충실하게 수집해 축적합니다. 물론 그러한 과정을 거치다 보면 결정이 늦어지고, 타이밍을 놓쳐 손해를 보게 되는 경우도 있습니다. 그렇지만 부실한 데이터가 무모한 열정과 만나 발생되는 위험은 매우 치명적입니다. 반면 충실하게 축적한 데이터와 그를 냉철하게 분석해서 내린 의사결정이 남다른 열정과 만났을 때에는 엄청난 힘이 발휘될 수 있지요. 그래서 '열정'과 '데이터'라는 양날의 칼을 잘 다루기 위해 노력하고 있습니다.

　이쯤 얘기하면 어떤 사람들은 "다 알고 있는 뻔한 이야기 아니냐"며 투덜댈 수 있습니다. 실제로 《손자병법》은 기원전에 쓰여 수천 년간 수많은 인류에게 읽혀져 온 대중 병법서입니다. 특히 '도천지장법'과 관련된 내용은 책의 거의 첫머리에 쓰여 있어서 누구라도 마음만 먹으면 그 내용을 한 번쯤은 살펴보았을 흔한 내용입니다. 그럼에도 이를 '숨겨진 비법'이라 하는 것은 그 내용을 제대로 읽고, 담긴 뜻을 진지하게 고민하며, 실천하기 위해 노력한 이들이 극히 적었기 때문에 그렇게 말하는 것입니다.

　다시 한 번 이야기하지만, 성공의 길은 '아느냐, 모르느냐'의 갈림길에서 갈라지지 않습니다. 대신 '실천하느냐, 그렇지 않느냐'의 갈림길에서 갈라집니다.

06

스커드, 불확실한 미래를 대비하는 자세

앞으로 우리가 사는 세상은 어떤 방향으로 흘러갈까요?

코로나19 바이러스의 창궐로 온 세계가 질병의 대유행 (pandemic)을 겪게 된 후 혹자는 세상은 이제 기원전, 기원후가 아니라 코로나 전, 코로나 후로 나뉠 거라고 전망하며, 'Before Christ(기원전)'와 'Anno Domini(기원후)'의 의미로 역사책에 'BC' 와 'AD'가 쓰이는 것이 아니라 'Before Corona(코로나 전)'와 'After Disease(질병 후)'의 의미로 'BC'와 'AD'가 쓰일 것이라고 예 견한 바 있습니다.

실제로 우리가 사는 세상은 1년 후는커녕 한 달 후를 예측하기 어려울 정도로 급격하게 변하고 있습니다. 몇 달 전까지 유행했던 제품이 오늘은 마치 그런 제품이 존재하지도 않았던 것처럼 시장에서 완벽하게 사라져버립니다. 얼마 전까지 세계 최고라 자부하던 기술, 그런 기술을 보유했던 기업이 불과 얼마 지나지 않아 기술력이 떨어져 업계에서 도태돼버리는 일이 비일비재하게 벌어지는 것이 요즘 세상의 모습입니다.

이럴 때 과연 우리는 어떻게 미래를 준비해야 할까요?

그런 질문을 받을 때마다 저는 "스커드(SCUD)를 깨우쳐야 한다"고 말합니다. 당연히 고개가 갸웃거려질 것입니다. 우리 세대에게만 하더라도 '스커드(Scud)'는 미사일 이름이었습니다. 구소련이 개발해 공산권 국가와 여러 제3세계 국가에 판매한 전술 탄도미사일 이름이었던 스커드는 특히 북한과 이라크가 다수 보유하고 있는 것으로 알려져서 중년층 이상 한국인들에게는 과히 좋은 느낌을 주는 단어가 아닙니다. 그런데 여기서 말하는 스커드는 당연히 그 스커드가 아닙니다. 제가 앞으로 바뀔 시대의 패러다임에 대해 설명할 때 손으로 꼽는 네 가지 요소의 앞 글자를 따서 만든 신조어입니다.

미래를 준비하는 가장 중요한 키워드, 스커드(S.C.U.D.)

S는 '속도', 스피드(Speed)의 S입니다.

1969년 7월 달 표면 '고요의 바다'에 인류를 처음으로 내려놓은 유인우주선 아폴로 11호는 미국의 자랑이자 인류의 희망이었습니다. 지구로부터 38만 킬로미터 이상 떨어진 천체까지 날아가서 정확히 착륙한 뒤 다시 무사히 지구로 귀환하는 놀라운 우주 비행 기술에 전 세계인은 전율했습니다. 그런데 그것 아십니까? 이제는 한참 구형이 된 아이폰 6S의 연산 속도가 당시 아폴로 11호에 실렸던 전자 장비 연산 속도의 1200만 배나 더 강력하다는 것을. 우리는 인류를 달에 보낸 우주선보다 훨씬 강력한 연산 장비를 우리의 손에 쥐고 생활하는 세상을 살게 되었습니다.

오랫동안 최초의 프로그래밍이 가능한 범용 컴퓨터로 알려졌던 에니악(ENIAC)은 간단한 연산 작업을 하려고 해도 1만 8000개에 달하는 진공관을 켜서 예열을 시키느라 몇 시간이 걸리고는 했습니다. 그러나 이제 우리는 손에 쥔 작은 스마트폰 하나로 혁명적인 세상을 살게 되었습니다. 이제 더 이상 사람들은 기다리지 않게 되었습니다. 기다림이라는 존재 자체를 잃어버린 것처럼 모든 것이 신속하게 사업체 시대를 살아가고 있습니다. 우리는 간단한 손가락 터치만으로 이야기를 나누고 싶은 사람을 불러들이고, 화면 클릭 한 번이면 관악산 정상에서 프랑스 루브르 박물관에 있는 〈모나리자〉를 감상할 수 있는 시대에 살고 있습니다. 먹고 싶은 게 있을 때 24시간 아무 때나 클릭 몇 번이면 잠시 후 내 집 앞으로 뜨끈뜨끈한 음식을 배달해주는 시절을 살게 된 것입니다.

이제는 더 이상 규모가 우리 삶을 지배하지 못하는 시대가 되었습니다. 앞으로의 시대는 오직 속도, '속도를 누가 장악하느냐'가 시장을 선도하고 사업을 성공적으로 영위하는 핵심 비결이 될 것입니다. '규모의 경제' 시대는 가고, '속도의 경제' 시대가 더욱더 중요해질 것입니다. 물론 속도에 목을 매고, 누가 더 빠를지를 두고 경쟁하는 사회가 꼭 바람직한 사회는 아닙니다. 그러나 옳고 그름을 따지기 전에 이미 세상은 '속도'가 가장 중요한 덕목 중 하나인 시대로 바뀌어가고 있습니다. 그런데 그런 속도가 빨라지다 못해 이제는 의미가 없어져버리는 시대가 올 수도 있습니다. 바로 스커드의 두 번째 글자 때문입니다.

C는 '연결', 즉 커넥트(Connect)의 C입니다.

1919년 8월, 미국 시카고에 거주하는 한국계 기독교인들은 종교 활동과 독립운동 관련 활동을 하기 위한 거점을 만들기 위해 시카고 한인 감리교회를 만들었습니다. 그러나 그 소식이 한국에까지 알려져 신문과 잡지에 실리게 된 것은 무려 3개월이 지난 11월 말이었습니다. 그로부터 100여 년이 지난 2017년 4월, 같은 시카고에 있는 오헤어 국제공항을 출발해 켄터키 루이빌 국제공항으로 갈 예정이었던 유나이티드 항공 3411편에서 직원에게 자리를 양보할 손님을 골라내는 사업체의 베트남계 미국인 데이비드 다오(David Dao) 박사가 공항경찰과 실랑이가 벌어져 폭행을 당해 실려 나가는 사건이 벌어졌습니다. 단순히 특정 항공사의 실수 차원이 아닌 인종차별 논란으로까지 이어지며 큰 사회적 이슈가 된 사건이었습니다. 이 소식은 대한민국에 얼마 만에 전해졌을까요? 정답은 '동시에'입니다. 해당 비행기에 타고 있던 승객들이 사건 현장의 모습과 피해자가 피를 흘리는 사진, 영상 등을 자신의 SNS에 올렸고, 그들과 친구, 팔로워, 1촌 관계이던 우리나라 사람들이 다시 그를 자신의 SNS에 공유하면서 당시 잠에서 깨어 있던 사람들은 사건 현장에서 전해오는 소식을 동시에 접할 수 있었습니다.

이 모든 것이 우리 사회가 연결돼 있기 때문에 가능한 일입니다. 앞으로 공간적 위치, 물리적 거리는 더 이상 우리 삶에 큰 영향을 미치지 못할 것입니다. 더군다나 코로나 사태로 인해 '사회적 거리 두기'나 '생활 속 거리 두기'가 하나의 상식처럼 여겨지게 되었고, 각종 모임과 회합이 온라인, 화상회의 등으로 대체되는 시대에는 정보통신과 디지털 기기를 통한 연결성이 모든 일의 성패를 좌우하는 주요한 화두가 될 것입니다.

U는 '편의성, 편리성', 즉 유스풀니스(Usefulness)의 U입니다.

어떠한 제품이나 서비스건 간에 편리해야 합니다. 제품이나 서비스의 편리함 기준은 무조건 '수요자'나 '소비자'가 되어야 합니다. 하지만 여전히 공급자 중심이나 생산자 중심의 사고에 빠져 있는 개인이나 기업들이 너무나도 많습니다. 그래서는 변화하는 세상 속에 적응할 수가 없습니다. 과거 사회에서 공급하는 제품이나 서비스 등 재화의 총량이 사회 구성원이 원하는 수요를 따라가지 못했을 시기에 생산자나 공급자들은 크게 고민할 것이 없었습니다. 만들기가 어렵지, 일단 만들어만 놓으면 다 팔려나가던 시절이었기 때문입니다. "원하시는 색깔의 차를 만들어드립니다. 단, 그것이 검은색이었을 때만 말이죠"라는 헨리 포드의 오만한 농담이 통용되던 시기였습니다. 그러나 기술의 발달로 생산량이 늘어나고 다수의 공급자가 나타난 반면 수요는 크게 늘어나지 않아 공급자 무한 경쟁의 시대가 되어버린 현재, 그리고 그런 경향이 더 심화될 미래에는 패러다임 자체가 달라져야 합니다. 조금이라도 생산자 편의에 맞춰져 있던 관점은 철저하게 고객의 편의, 편리에 대한 욕구를 만족시키는 방향으로 바뀌어야 합니다.

몇 년 전 모 의료기관과 영국의 디자인 회사 탠저린(Tangerine)이 공동으로 척추질환 예방용 기능성 의자를 개발해서 큰 반향을 불러일으킨 적이 있습니다. 사람들이 주목했던 것은 의자의 모양이었습니다. 이 의자는 등받이가 없는 대신 체스트 서포트(Chest Support)와 엘보우 서포트(Elbow Support)라고 해서 앞쪽에 지지대가 있었습니다. 개발 단계의 회사 내부에서도 그렇지만, 시판 초기 외부의 시각 역시 '무슨 의자가 저 모양으로 생겼냐?'는 부정적인 반응이었습니다. 그러나 이는 전적으로 개발자의 시각이었습니다. 실제로 회사원이나 학생 등 의자를 가장 많이 사용하는 사람들의 모습을 가만히 살펴보면 등받이에 기대는 시간은 몇 분 되지 않습니다. 허리를 앞으로 숙여 컴퓨터 자판을 두드리거나, 책이나 노트북을 보는 데 대부분의 시간을 할애합니다. 즉 소비자의 편의는 등을 지지해주는 기능이 아니라 가슴과 팔꿈치를 지지해주는 기능에서 발생한다는 것을 알 수 있습니다. 그 점에 착안한 이 의자는 곧 대대적인 선풍을 불러일으켰습니다.

D는 '방향성', 즉 디렉션(Direction)의 D입니다.

어떤 일을 하건, 어떠한 사업을 하건 중요한 것은 방향성입니다. 아무리 현재의 여건과 상황이 좋아도 그 흐름이 위축되거나 소멸돼가고 있는 방향으로 흘러가고 있으면 그것은 좋아도 좋은 것이 아닙니다. 반대로 지금은 비록 보잘것없는 성과를 거두고 있다고 하더라도 그 일이나 사업이 전반적으로 좋은 방향으로 흘러가고 있으면 그 가치는 지금의 가치가 아니라 10배, 20배 더 좋아질 수 있습니다. 스커드의 네 번째 D, 방향성은 바로 그 '좋은 방향'으로 확장·성장돼가고 있는 것을 포착해야 함을 의미합니다.

1997년 5월 15일, 아마존의 기업공개(IPO) 당시의 주가는 주당 1.5달러였습니다. 그러나 2020년 4월 기준 아마존의 주가는 주당 2100달러를 넘나들고 있습니다. 즉 어떤 사람이 기업공개 당시 1000달러(당시 환율 기준 약 90만 원)를 아마존 주식에 투자했다고 한다면, 지금 현재 그의 주식 평가액은 약 140만 달러(현재 환율 기준 약 17억 원)가 됩니다. 아마존의 무서운 점은 그것의 가치가 비단 지금 현재에 국한된 가치가 아니라는 점에 있습니다. 그 방향성이 무한히 확장하는 흐름을 탔다는 것이 더 중요합니다. 그 때문에 아마존과 관련된 1달러는 단순히 1달러가 아니라 1000달러, 1만 달러가 될 수도 있습니다.

저는 어떠한 사업을 시작하거나, 기존의 사업을 영위함에 있어
중요한 의사결정을 할 때면 늘 이 '스커드'를 염두에 두고 해오고
있습니다. 앞서 이야기했던 진단의약 관련 신사업에 대한 투자를
결정해야 할 때 역시 마찬가지였습니다. 임원들의 반대 의견도 있
었습니다. '진단 사업은 기존 우리의 주력 사업이었던 바이오 분야
라고 보기 힘든 사업'이며, '주요 제품이라는 말라리아 진단키트
는 아프리카, 남미 등 특정 시장에 국한된 사업'이고, '매출 또한 연
500억 수준에 머물러 있는데, 그나마 미국 정부가 관리하는 영역
이기에 이익률이 제한적인 사업'이라며 반대를 한 것입니다. 하나
같이 일리가 있는 이유들이었습니다.

그러나 결국 결정은 제가 내려야 하고 그에 대한 책임도 제가 져
야 했습니다. 저는 임원들이 안 되는 이유의 근거가 되는 재무적 관
점이 아니라, 제가 늘 강조하는 스커드의 관점에서 해당 사업을 다
시 들여다봤습니다.

진단 사업이 기존 우리의 주력 사업이던 바이오 분야 사업이라
고 보기는 힘들지만, 'C' 커넥트(연결)의 관점에서 보면 향후 진단
사업은 바이오 사업과 떼려야 뗄 수 없는 사업이 될 것이었습니다.
둘 사이의 연계는 갈수록 확대되면 확대되지 줄어들 리가 없었습
니다. 매출과 영업이익이 정체되어 있는 것 역시 사실이었지만, 해

당 기업이 보유한 진단키트 연구개발, 생산능력에는 잠재력이 있었습니다. 진단키트의 경쟁력을 이루는 두 축 가운데 진단 결과의 정확성, 진단의 편의성과 속도 측면에서 여러 가지 탁월한 역량을 보유하고 있는 것이 보였습니다. 'S' 스피드(속도)와 'U' 유스풀니스(편의성, 편리성)의 관점에서 남다른 장점이 눈에 띄었습니다. 그리고 마지막으로, 진단 사업은 '원격질료'로 대표되는 미래 헬스케어 사업인 유비쿼터스 헬스케어(Ubiquitous Health Care)의 핵심 요소로서 발전하지 않으려야 않을 수 없는 사업이었습니다. 'D' 디렉션(방향성) 측면에서도 분명한 장점이 있었습니다.

여기까지 생각이 미친 저는 일부 반대 의견들이 부담이 되었지만, 진단 사업으로 스커드를 쏘아 올렸습니다. 그렇게 인수한 엑세스바이오는 투자로 탄력을 받으며 달려 나가기 시작했고, 코로나19 사태 이후 크게 성장해 날개를 달게 되었습니다.

저는 앞으로 고객에게 이 스커드 측면에서 만족을 선사하는 서비스만이 생존할 수 있다고 생각합니다. '싸고 양 많이'의 시대는 지나갔습니다. 그 대신 '보다 빠르고, 보다 잘 연결되고, 보다 편리하며, 보다 좋은 방향으로 확장성을 띤' 것들이 시장을 지배하는 시대가 올 것입니다.

아니, 이미 꽤 오래전에 우리 곁에 와 있습니다.

제5부

달콤한 인생,
아름다운 미래에도

사람만 남는다

Mir gäb es keine größre Pein,
Wär ich im Paradies allein.

나에게 파라다이스에서 혼자 살게 하는 것보다
더 큰 형벌은 없을 것이다.

– 괴테(1749~1832)

01

스펙보다 중요한 스토리

"중학교 졸업장이 전부였던 용접공이 여러 개의 기업체를 거느린 성공한 사업가로!"

언론 여기저기에 이런 제 이야기가 실리자 수많은 사람이 저를 찾아와 자신의 얘기 혹은 자신의 지인의 이야기라며 이런저런 얘기를 들려주고는 합니다. 대부분이 '이런저런 어려운 처지에 있는데 어떻게 하면 당신처럼 그를 극복하고 성공할 수 있을까요?'라는 하소연 섞인 고민 상담이 대부분입니다. 특히 제가 살아온 삶이 그렇다 보니 학교 강의를 나가면 '이제까지 이렇다 하게 쌓아온 스펙이 없는데, 이런 저도 과연 성공할 수 있을까요?'라는 고민이 젊은 친구들로부터 쏟아져 들어오고는 합니다. 그럴 때마다 제 대답은 똑같습니다.

"It is difficult, … but, Yes!"

쉽지 않습니다. 하지만 불가능한 일은 아닙니다.

스펙은 '스페시피케이션(specification)'의 축약어로, 어떤 사람
이 쌓아온 학력, 자격증, 어학 실력 등을 의미합니다. 그러나 사실
스페시피케이션은 케임브리지 영영사전에서 찾아보면 다음과 같
이 풀이돼 있습니다. 'a detailed description of how something
should be done, made, etc.', 즉 어떠한 제품이 어떤 원재료를 갖고
어떤 방식으로 어떻게 만들어졌는지를 설명하는 일종의 사양표를
의미하던 단어였습니다. 그러다 전 세계적으로 퍼스널 컴퓨터(PC)
가 도입되면서 'CPU의 기능이 어떻고', '램(RAM Memory)이 몇 기
가바이트인지', '그래픽 카드의 해상도와 속도는 어떤지' 등을 따지
게 되었고, 컴퓨터의 그런 사양을 표시하는 스페시피케이션이라
는 단어 사용이 급증했습니다. 줄임말과 축약을 선호하는 젊은 층
사이에서 스페시피케이션의 줄임말인 '스펙'이라는 단어가 생겨났
고, 스펙이라는 말은 어떠한 제품의 사양을 의미하는 단어로 통용
되었습니다. 그러던 것이 컴퓨터나 일반 가전제품만이 아니라 사람
이 어떤 실력을 갖고 있고 어떤 자격을 보유했는지를 나타내는 말
로서도 스펙이라는 단어가 사용되기 시작했으며 우리나라에서도,

특히 취업 준비생들이나 결혼을 앞둔 미혼 남녀들을 중심으로 널리 유행하게 되었습니다.

그런데 알고 보면 별것 아닌 이 스펙이라는 단어가 우리 젊은이들의 발목을 잡고 있습니다. 채 스무 살도 되지 않은, 아직 세계 정복과 인류 평화 유지를 자신의 인생 목표로 알고 원대한 세상을 꿈꿔야 할 젊은이들이 취업에 필요한 스펙을 쌓기 위해 안달입니다. 이는 젊은이들의 탓이 아닙니다. 사람이 보유한 포부와 잠재력을 살펴 장기적으로 함께할 만한 인재인지 아닌지를 찾아낼 수 있도록 본인들의 안목과 실력을 증진시켜야 할 어른들이 그러한 노력은 등한시한 채 자신들의 학교나 기업에 지원한 젊은이들을 정해진 스펙 기준별로 줄 세우기에 혈안이다 보니 당연히 한 푼이 아쉽고 하루하루 살기가 어려운 젊은이들은 스펙 쌓기에 목을 걸 수밖에 없게 된 것입니다.

그 때문에 명문대 졸업생이나 해외 유학생 등에 비해 스펙 쌓기에서 이미 몇 걸음 뒤로 밀린 이들은 자신이 앞으로 경쟁에서 이길 수 있을지 조바심이 나고 두려울 수밖에 없습니다. 그러다 보니 저처럼 젊은 시절 거의 '무스펙'이었음에도 성공 스토리를 써온 이들을 만나기만 하면 앞서와 같은 고민과 질문들을 쏟아내는 것입니다.

그런데 저는 조금 다르게 생각합니다. 앞으로의 세상은 스펙이 아닌 '스토리의 세상'이 될 것이라고 생각합니다. **스토리의 힘이 스**

펙의 힘을 이기는 세상이 될 것입니다.

　스펙, 물론 중요합니다. 스펙이 중요하지 않다는 뜻은 아닙니다. 그러나 스펙에는 한 가지 치명적인 단점이 있습니다. 그것은 스펙은 단지 내가 이루었던 그 무언가를 단편적으로 보여줄 뿐 그것의 과거와 현재, 미래로의 흐름이 어떠한지에 대해서는 침묵한다는 사실입니다. 물론 어떤 대학교를 수석으로 입학했고, 어떤 어학을 몇 점 이상 취득했으며, 어떤 유수의 기업에서 인턴십을 수행했고, 몇몇 공모전에서 몇 등의 순위를 했는지가 내가 과거에 얼마나 노력했는지를 보여주지 못하는 것은 아닙니다. 또 내가 취득한 자격증이 미래에 내가 어떤 퍼포먼스를 발휘할지 제시해주지 못하는 것도 아닙니다. 다만 앞서 말한 것처럼 보여주되 '단편적'으로 보여준다는 점입니다. 반면 스토리에는 스펙이 갖지 못한 장점이 있습니다. 그것은 바로 스펙이 보여주는 사실에 '나'라는 인간의 원형이 담겨 있다는 점입니다.

　예를 들어 어떤 사람을 만나 사업적인 교섭을 해야 하는 상황일 경우, 저는 그 사람에게 제가 얼마나 배려심 넘치고 협력을 잘하는 파트너인지 알려줘야 하는데, 이때 단순한 제 스펙은 과거 동업이나 협업을 해서 거뒀던 매출, 영업이익 정도가 될 것입니다. 그러나 저는 그런 스펙으로 교섭을 시작하지 않습니다. 대신 과거 젊은 시절 용접 일을 그만두고 폐병을 고치며 먹고살기 위해 사회복지사 자격증을 따고, 송추에 있는 정신병원에서 근무했던 시절의 스토리를 꺼냅니다.

말이 '상담사'이지 정신병원 직원의 삶은 때로는 교정기관의 교도관이 되었다가 파출소의 경찰이 되고, 중환자실의 간호사가 되었다가 다시 동네 형이 되기도 하는 등 변화무쌍함의 연속이었습니다. 어떤 때는 제게 자신의 인생을 몽땅 맡긴 것처럼 울고 불며 애원하던 환자가 다른 날에는 난생처음 본 사람 대하듯 모른 체하더니, 자칫 빈정이 상하기라도 하면 손에 잡히는 것은 뭐든 집어 던지며 죽일 듯이 쫓아오는 것을 맨손으로 제압해야 하는 것이 날마다의 일상이었습니다.

그런 삶 속에서도 저는 단 한 번도 그들을 미워하거나 두려워했던 적이 없었습니다. 제 스스로가 당시로서는 불치병에 가깝다던 폐병에 걸려 핏덩이를 쏟아가며 죽을 고비를 숱하게 넘겨온 사람이었습니다. 이미 살고 죽는 것 따위는 제게 주어진 해결해야 할 문제의 리스트 상위권에 올라와 있지도 않았습니다. 대신 저는 그들과 이야기를 나누고 싶었습니다. 무엇이 그들을 그렇게 힘들게 했는지, 무엇이 그들을 현실의 삶으로부터 스스로를 떠나도록 만들었는지 저는 듣고 싶었습니다. 입을 열기 힘들면 몇 시간이고 기다려줬습니다. 때리면 때리는 대로, 침을 뱉으면 뱉는 대로, 욕을 하면 하는 대로 그대로 지켜보며 기다렸습니다. 그런 기다림 속에 그들이 조금씩 마음을 열고 나오면 정확히 그들이 원해서 나온 만큼 저 역시 다가가 주었습니다. 그런 과정 속에서 신뢰가 쌓이고, 그 신뢰를 기반으로 조금씩 대화가 시작되었습니다. 그들은 그들의 스토리를 얘기했고, 저 역시 저의 스토리를 얘기했습니다. 우리 둘은 환자와 병원 직원, 정신병자와 상담사라는 이른바 스펙에서는 차이가 있었지만, 둘 다 '인간'이라는 원형은 같았습니다. 그리고 그런 인간이라는 원형을 토대로 한 스토리에는 차이보다는 공통점이 더 많았습니다.

이렇게 정신병원에 근무하며 환자들과 쌓아온 인연과 상호 간에 이해하고 배려했던 스토리를 들려주다 보면 어느새 거래를 위한 교섭을 하던 상대방도 자신의 스토리를 이야기하기 시작하고, 우리는 같은 스토리를 만들어가기 시작합니다. 단순한 스펙은 만들어내기 어려운 '스토리의 재생산'이라는 새로운 가치가 만들어지는 순간입니다.

젊은 시절, 기회가 주어진다면 세상이 모두 부러워하는 스펙을 만들고 쌓는 데 노력을 게을리할 필요는 없습니다. 특히 학생 시기를 포함해 젊을 때만큼 단기간에 빠르게 필요한 스펙을 쌓는 데 최적의 시기는 또 없습니다. 그러나 그러한 스펙 쌓는 것에만 급급해 자신만의 스토리를 적어가는 것을 등한시해서는 안 됩니다. 자신만의 스토리라는 것은 오랜 시간이 흘러 나이와 경륜이 쌓여서 쓸 것이 많아졌을 때만 적어 내려갈 수 있는 것이 아닙니다. 매 순간의 삶 속에서 그 삶을 어떤 의미로 받아들이고, 어떻게 살아갈지를 선택하는 그 과정 하나하나가 모두 스토리의 재료가 될 것입니다.

02

공부한다,
고로 나는 존재한다

저는 독실한 기독교 신자입니다. 배움이 짧았던 어머니는 학교에서 배운 지식 대신에 기도와 《성경》 말씀으로 평생을 자식들에게 지혜와 품성을 가르쳐주신 독실한 기독교 신자이셨고, 교회 권사인 아내는 지금도 매일 아침 빼먹지 않고 새벽기도에 나가 저를 포함한 가족과 지역사회, 그리고 이 나라를 위해 기도합니다. 저 역시 주말이면 아내의 손에 이끌려 집 근처 교회에 나가 예배를 드리고, 임원 회의를 주재할 때나 외부 기업 등의 요청을 받고 특강을 할 때면 저도 모르게 버릇처럼 〈창세기〉나 〈고린도전서〉의 말씀을 줄줄 이야기하고는 하니 기독교 신자라고 할 만합니다.

그런데 그런 제 종교에 대해 알고 있는 지인들이 가장 당황해할 때가 있습니다. 제가 한참 〈창세기〉의 카인과 아벨에 대한 이야기나 〈고린도전서〉에 언급된 성령의 은사(Holy Spirit) 또는 사랑으로 역사하는 믿음에 대해 이야기하다 말고, 싯다르타(석가모니) 왕자가 부인 야소다라와 아들 라훌라를 버리고 집을 떠나 스스로 깨우침을 얻은 뒤 붓다가 되어 나타난 석가세존의 〈사문유관〉 이야기를 꺼냈다가, 어느새 7세기 아라비아 반도 땅으로 넘어가 무함마드가 히라 산 동굴로 들어가 금식하며 사색하다가 천사 가브리엘로부터 예언을 듣고 이슬람의 선지자가 된 이야기를 했다가, 다시 광야에 홀로 선 세례 요한과 젊은 시절의 예수 그리스도를 언급하면 순간 사람들은 멍한 표정을 지어 보이고는 합니다.

거기서 끝이 아닙니다. 제가 오는 사람 마다 않고, 만나자는 사람 거절하지 않으며, 어려서부터 온갖 기가 센 사람들과 교류를 이어오다 보니 뜻하지 않게 제 주위에는 한국 전통 무속을 신봉하거나, 그와 관련한 신묘한 능력을 지닌 이들이 꽤 있습니다. 그런 그들과 전통 내림굿과 접신에 대해 이야기하는 모습을 본 사람은 그야말로 입이 딱 벌어져 '도대체 당신 정체가 뭐냐?'는 표정을 짓기 십상입니다.

그런데 사실 이뿐만이 아닙니다. 초청을 받아 특강을 가서 "저는 경북 영주의 청소부 아들로 태어나 중학교밖에 학업을 마치지 못했습니다…"라고 강의를 시작한 뒤 육두문자와 온갖 유머로 좌중을 들썩이게 만들면, 청중들은 어림짐작으로 '배움이 짧은 자수

성가한 기업인의 인간 승리 스토리겠거니…'라고 생각합니다. 그럴 때 인류 고대 문명사로부터 시작해서 중국 대륙의 역사, 그리고 그를 생동감 있게 담아낸 《삼국지연의》와 《수호전》의 주요 구절, 대사 하나하나를 토씨 하나 틀리지 않고 그대로 읊어대면 '이게 무슨 일이지?' 하는 표정으로 물끄러미 저를 쳐다보기 시작합니다. 필요하다면 고등학교 수학 교과서의 목차까지 외워서 줄줄 설명하고, 주요한 물리학의 법칙을 인용하기도 하다가, 다시 경영학으로 넘어가 4차 산업혁명과 정보통신의 발달을 그에 연결해 풀어내면, 청중들은 어이없어 하며 짧은 탄성을 내뱉게 됩니다.

그런데 그런 강연을 할 때 원고는 없습니다. 강연을 하러 갈 때는 무슨 말을 하겠다는 생각으로 가는 것이 아니라, 오늘 만나게 될 사람들이 어떤 이야기를 듣고 싶어 하는지를 생각하며, 그들이 듣고 싶어 하는 이야기를 합니다. 가서 하는 얘기는 모두 제 머릿속에 들어 있는 것들입니다. 제 머릿속에는 세계 4대 성인이 함께 모여 이야기를 나누고, 피타고라스(Πυθαγόρας)와 에바리스트 갈루아(Évariste Galois)가 칠판 앞에서 수학 공식을 두고 머리를 싸매고 있으며, 《삼국지연의》의 세 영웅 유비, 조조, 손권이 천하의 패권을 두고 쟁패를 거듭하고 있습니다.

어떻게 그럴 수 있었을까요? 제가 천재라서 그런 걸까요? 그렇다고 하고 싶긴 하지만, 그렇지만은 않습니다. 그러면 어떤 비결이 있었던 것일까요?

어린 시절 가난했던 저는 학교를 다니면서도 우유 배달, 신문 배달 등 갖가지 일들을 해야 했습니다. 공부에만 집중할 여건이 되지 않았습니다. 그나마 학교에 적을 두고 제대로 공부를 한 것은 중학교가 끝이고, 이후로 한동안은 정규학교에 다닐 수가 없었습니다. 그러나 직업이 학생이 아닐 뿐이지, 그 당시 제 스스로가 학생이 아니라고 생각했던 적은 단 한 번도 없었습니다. 새로운 세상에 대해 알고 싶은 욕구는, 새로운 학문에 대한 배움의 갈구는 다른 여느 동갑내기 중·고등학생에 비해 절대 모자라지가 않았습니다. 아니, 오히려 더 강렬했습니다.

초등학교를 졸업하고 공장을 다닐 때였습니다. 출퇴근을 위해 개포동에서 창동을 오가던 삼영교통 11번 버스를 타고 갈 때면 중·고등학생들과 함께 타게 되는 경우가 많았습니다. 교복을 입은 학생들이 저를 보고 '공돌이'라며 수군거리는 소리를 들으며 다짐했습니다.

'지금이 아니더라도, 끝내 나는 적어도 너희보다 훨씬 더 많은 배움을 이룰 것이다.'
'어디까지일지 모르겠지만, 배움으로 다다를 수 있는 최고의 단계까지 꼭 가보고 말 것이다.'

자연스레 검정고시를 봐야겠다는 생각에 이르렀습니다. 당시 저는 회사 안에서 '잔업 대장', '철야의 왕'으로 불리고 있었습니다. 선배들은 자기들끼리 "도대체 의상이는 언제 잠자고, 언제 밥 먹고 일하는 거냐?"라는 이야기가 농담 아닌 농담처럼 돌 정도로 그 당시의 저는 잔업과 철야 작업을 거의 전담하다시피 하고 있었습니다. 잔업도 그렇지만, 철야는 일과 중 작업보다 훨씬 더 많은 시급을 받을 수 있었습니다. 다른 선배들이 피곤하다고 집에 가버리면 남은 잔업과 철야를 제가 도맡아 했습니다. 그래야 좀 더 많은 돈을 벌어 어머니께 드릴 수 있었기 때문입니다. 작업을 마치고 얼마 되지 않는 남는 시간에도 저는 쉬지 않았습니다. 회사에서 번 돈은 고스란히 어머니께 부쳐드렸기 때문에 자취방세를 비롯해서 먹고 살 돈은 따로 벌어야 했습니다. 철야 작업이 없는 밤에는 별도로 야간 아르바이트를 했고, 주말이면 인근 유원지 같은 곳에 가서 커피 행상을 했습니다. 그렇게 번 돈으로 다달이 살아가고 있었습니다.

그런 상황에서 검정고시 공부를 한다는 것은 쉽지 않았습니다. 일단 중고 라디오 하나를 구해 KBS 제3라디오(현재의 EBS 라디오)에서 하는 검정고시 대비반 수업을 들었습니다. 시간이 많이 없었기에 예습이나 복습을 할 시간이 없었습니다. 책을 한 번 볼 때 마치 복사기에 돌리거나 사진기로 찍듯 페이지째 이해하고, 핵심 내용을 통째로 외워버리는 공부 방법은 이때 정립되었습니다. 잔업과 철야 작업이 있는 날에도 공부를 한시도 거르지 않았습니다. 장시간 용접에 눈은 퉁퉁 붓고, 온몸은 철가루와 모래 먼지 범벅이었지만 그 상태로 2~3시간은 반드시 책을 읽고 잠에 들었습니다.

그렇게 독학으로 검정고시를 봤고, 상급 학교에 진학할 수 있는 학위를 한 단계씩 따 갔습니다. 그리고 홀로 배움을 쌓아가던 어느 날 학교에 진학할 수 있는 기회가 생겼습니다. 사업 경영으로 하루를 30~40시간으로 쪼개 살아야 했던 시기라 도저히 짬을 내기 어려워 사업과 학업을 병행하기 쉽지 않겠다는 생각이 들었지만, 이때가 아니면 나중에는 더 힘들어질 것 같았습니다. 물론 이 당시의 저에게 대학 졸업장, 석사 학위가 중요한 것은 아니었습니다. 석·박사인 친구들이 부러웠던 것도 아닙니다. 다만 나중에 아이들이 자라 "아빠는 학교를 어디 다녔어?"라고 물었을 때 무슨 대답을 해줄 수 있을까가 고민되기 시작했습니다. 저의 가장 소중한 꿈 중 하나인 '자식들에게 존경받는 아빠', 조금 더 나아가 '그렇게 자란 애들이 결혼할 때 사돈 보기에 부끄럽지 않은 아빠'가 되고 싶다는 다소 소소한 이유로 정규학교 야간 과정에 적을 두고 학업을 이어나가기로 했습니다. 그렇게 학사 학위는 유통과 제조업을 함께 경영하느라 눈코 뜰 새 없이 바쁜 와중에 온라인과 오프라인을 함께 진행하는 과정을 통해, 석사 역시 회사 경영을 병행하며 취득했고, 마지막으로 경영정보관리학 박사 학위까지 마쳤습니다. 일단 공장을 다니던 시절 삼영교통 11번 버스에서 다짐했던 대로, 우리나라 학제에서 규정한 최고 높은 단계의 학위까지 모두 마친 셈입니다.

그런데 거기서 끝이 아니었습니다. 이때까지의 저에게 공부는

'생존을 위한 문제'였습니다. 정규 과정의 배움이 길지 않았던 저는 살아남으려면 무조건 배워야만 했습니다. 모르는 게 있으면 끝까지 파고들어 알아내야만 했습니다. 그래야 살아남을 수 있었습니다. 완전히 컴맹이면서 인터넷 사업을 하겠다고 나섰을 때에는 서점에 나가 컴퓨터, 인터넷과 관련된 책을 수십 권 사 모아 밤을 새가며 공부했습니다. 그 덕분에 업계 사람들과 교섭을 하고, 관련 기관 공무원, 학계 전문가들과 토론을 할 수준에 이를 수 있었습니다. 그러나 그 단계를 넘어서 공부는 이제 저에게 '보다 나은 생애를 위한 문제'가 되어가고 있습니다. 한 번 몸에 밴 공부 습관은 학교를 다니건 다니지 않건 마치 몸에 그린 문신처럼 지워지지 않고 그대로 남았습니다.

저는 평생을 마치 수험생처럼 공부해왔습니다. 공부의 범위, 대상은 무궁무진했습니다. 예를 들어 기독교 신자이니 당연히 《성경》을 옆에 두고 늘 탐독했지만, 《성경》을 제대로 읽으려면 고대 중근동 역사에 대한 제대로 된 이해가 있어야 한다는 생각에 각종 역사서를 파고들었습니다. 그러다 보니 그들 지역에서 창시되었거나 유행을 한 다른 종교에 대해서도 학습을 해야겠다는 생각이 들어 《베다》, 《우파니샤드》, 《바가바드 기타》와 같은 인도 철학서 역시 탐독했습니다. 당연히 《금강경》, 《화엄경》, 《법화경》 등 불교 경전도 저의 연구 대상이었고, 기독교와 떼려야 뗄 수 없는 이슬람교와 관련한 서적들도 순수한 학문적 호기심에서 열심히 파고들었습니다. 이렇게 동양철학에 대한 공부를 어느 정도 마쳤다는 생각이 들면 서양철학의 본류 중 하나인 독일철학으로 넘어가 니체, 헤겔, 칸트, 하이데거의 책들을 읽었습니다. 이런 식으로 어떤 한 분야에 꽂히면 공부한 내용을 꼬리에 꼬리를 물고 쫓아가며 공부의 범위를 넓혀나갔습니다.

물론 바빴습니다. 지금도 바쁘지만, 한창 공부할 때는 '열심히 기도하고, 열심히 헌금할 테니' 하나님이 저한테만 특별히 날마다 20시간 정도만 더 일하고 공부할 시간을 줬으면 하고 빌었을 정도였습니다. 그 때문에 저는 계속해서 저만의 공부 방법, 정보 취득 방법을 만들어내야 했습니다. 요즘 제가 쓰는 방법은 책을 여기저기 곳곳에 두고 읽는 방식입니다. 흔히 사람들은 책 한 권을 사서 처음부터 끝까지 읽고, 그 책을 다 읽으면 다른 책을 사서 쭉 읽는 방식인데, 저는 조금 다른 방식으로 독서를 하고 있습니다. 관심이 있거나 읽고 싶은 책들을 여러 권 산 뒤 그 책들을 제가 머무르거나 제 눈길과 손길이 닿는 여러 곳곳에 놓아둡니다. 자주 가는 계열사의 집무실에는 4차 산업혁명이나 인공지능(AI)과 관련한 책이 있고, 이동하는 차량 안에는 인적 개발과 조직 관리에 관한 책이 놓여 있으며, 집 책상 위에는 중국 춘추전국시대의 역사서가 놓여 있는 식입니다.

이 방식 독서의 단점은 훈련이 덜 된 사람이 따라 했다가는 매번 책을 펼칠 때마다 이전까지 읽었던 내용을 다시 되살리느라 시간을 허비하기 십상이고, 책의 내용에 몰입하기도 쉽지 않다는 점입니다. 반면 장점은 익숙해지기만 하면 아무 때나 어디서건 늘 책을 읽을 수 있고, 한 번 읽을 때 최대한 집중해서 기억 속에 저장해놓는 습관이 생기며, 동시에 다양한 분야의 책을 읽을 때 가장 촉진되는 '통섭(統攝)'이 잘 발휘된다는 점입니다.

오늘도 저는 어디서든 책을 펼쳤고, 앞으로 잠에 드는 그 순간까지 어느 곳에서건 책을 펼칠 것입니다. 그리고 지금도 몇 가지 분야에 대해 집중적으로 파고들어 공부를 하고 있으며, 앞으로도 살펴학습해야 할 분야들이 무궁무진하게 남아 있습니다. 그 때문에 저의 공부는 앞으로도 계속될 것입니다. 왜냐하면 공부하는 것이 곧 저의 존재 그 자체이기 때문입니다.

프랑스의 물리학자이자 근대 철학의 아버지로 불리는 데카르트(René Descartes)는 자신의 저서 《방법서설》에서 그 유명한 "나는 생각한다, 고로 존재한다(Cogito ergo sum)"라는 명언을 남겼습니다. 이를 살짝 차용해서 저는 제 인생에 대해 이야기할 때 이렇게 말하고는 합니다.

"나는 공부한다, 고로 존재한다(Studium ergo sum)."

03

착하게 장사해서 돈을 벌겠다고요?

오랜만에 찾아간 옛 단골 식당들이 예전만큼 장사가 잘되지 않고 영 시원치 않은 모습을 보이면 주인장에게 까닭을 묻곤 합니다. 그럴 때면 종종 대답 대신 이런 물음이 되돌아옵니다.

"저희 식당은 재료도 아끼지 않고 정말 착하게 영업하거든요. 근데 왜 장사가 잘 안 될까요?"

"제가 진짜 착하게 열심히 영업을 하는데, 실적은 왜 이 모양일까요?"

그러면 저는 조금은 짓궂게 대답하곤 합니다.

"선하지 않고 '착해서' 잘 안 되는 겁니다."

앞서 '짓궂게' 한 이야기라고 말했지만, 사실 단순한 농담은 아니었습니다. 실제로 그렇게 생각하기에 조언을 하자고 했던 것입니다. 그러면 반드시 다음과 같은 반문이 이어집니다.

"같은 말 아닌가요? '선한 것'과 '착한 것'의 차이점이 뭐죠?"

얼핏 보면 그런 것도 같습니다. 우리가 '선하다'고 할 때의 '선(善)'자는 '착할 선'이니 착한 것이나 선한 것이나 그게 그것인 것도 같습니다. 그러나 여기서 제가 말하는 '선한 것'과 '착한 것'은 조금은 다른 개념입니다.

예를 들어 어떤 사람이 있습니다. 심성이 곱고 여리기로 유명한 이였습니다. 이 사람은 집에 쌀 한 줌이라도 생기면 동네의 가난한 이웃들을 불러다가 밥을 해 먹이고, 심지어 '집에 있는 가족들을 먹이라'며 따로 먹을거리를 싸서 보내주기까지 했습니다. 덕분에 정작 같은 지붕 아래 사는 가족들은 매일 배를 곯아야 했습니다. 거기다 눈에 보이는 곡식이란 곡식은 죄다 남들에게 퍼준 통에 매년 봄이면 자기 논밭에 심을 종자를 빌리기 위해 온 동네에 아쉬운 소리를 하며 다녀야 했습니다. 이 사람은 확실히 착한 사람입니다. 그러나 제 기준에서 선한 사람은 아닙니다.

다른 한 사람이 있습니다. 남들 눈에는 그저 평범한 이웃입니다. 피해를 끼치는 악한 이웃은 아니지만, 그렇다고 늘 베풀고 인심 후한 좋은 이웃은 아닌 사람입니다. 그러나 그는 자신의 논밭에 최선을 다해 농사를 짓고, 어떻게 해서든 수확을 더 늘리기 위해 파종법을 연구하거나 제초제를 개발하고, 적절한 수확 시기를 알아내기 위해 악착같이 매달렸습니다. 그 결과 다른 이웃들에 비해 몇 배나 많은 수확량을 거두게 되었고, 덕분에 이듬해 다른 이웃들이 가뭄으로 흉년에 시달리게 되었을 때 낮은 이자로 이웃들에게 곡식을 빌려줄 수 있었습니다.

어찌 보면 그저 자기 배를 불리기 위해 애쓴 평범한 소시민으로 보일 수도 있고, 이웃들에게 이자 장사를 한 독한 인간으로 볼 수도 있습니다. 그러나 저는 이런 이들이 '선한 사람'이라고 생각합니다. 자신에게 주어진 삶에 지극함으로 최선을 다하고, 그로 인해 거둔 소득을 함부로 허비하지 않고, 정말로 필요한 이들과 결과물을 나누는 이런 이들이 제가 인정하는, 그리고 우리에게 필요한 선한 인간입니다.

착한 사람은 곁에 두면 참 좋습니다. 마음이 편해지고, 저 역시도 착해진 것 같은 느낌이 들게 해줍니다. 그러나 계속 그런 사람과 일하다 보면, 또는 그런 사람에게만 일을 시키다 보면 절대로 성과를 만들어낼 수 없습니다. 착함은 우리가 도덕적으로 갖춰야 할 덕목의 하나로, 살면서 인간 대 인간으로 만났을 때 갖춰야 할 심성이나 태도의 하나이지, 우리가 살아가는 삶의 방식 자체가 '착함'으로 굳어져서는 절대로 성공할 수 없습니다.

그런데 뜻밖에도 사업을 하다 보면 선한 인간보다 착한 인간들을 더 많이 보게 됩니다. 마냥 사람 좋고 모든 인심이 자기 지갑 주머니에서 나오는 그런 이들이 적지 않습니다. 그러나 시간이 지나 그들을 다시 만나게 되는 곳은 대부분 쓰라린 패배가 있는, 파산이나 도산이 결정된 사무실, 휴업이나 폐업을 한 사업장 등지에서입니다.

《성경》〈로마서〉 12장 17절에는 다음과 같은 이야기가 쓰여 있습니다.

> 아무에게도 악으로 악을 갚지 말고 모든 사람 앞에서 선한 일을 도모하라.

즉 어떠한 일을 할 때 상대가 아무리 사악한 의도로 거칠게 대해오더라도 그 사람을 포함한 모든 이에게 선함으로 대해주고, 선하게 일을 추구하라는 말씀입니다. 이를 다시 풀어 생각해보면 거래 관계의 사람이나 경쟁 관계의 업체가 나쁘게 마음을 먹고 싸움을 걸어오더라도 그를 같은 생각, 같은 방식으로 대응하지는 말라는 것입니다. 그러나 그렇다 하더라도 마냥 착하게 당하고 있지 말라는 것이기도 합니다. 악으로 대하지는 말되 선한 의도, 선한 방식으로 상대하라는 뜻을 담고 있습니다.

예를 들어 강도가 수시로 집에 침입해 우리 집 물건을 훔쳐 가고 가족에게 해를 끼친다고 했을 때 저 역시 강도의 집에 쳐들어가 그 집을 엉망진창으로 만들고 상대 가족을 괴롭힌다면 그것은 악을 악으로 갚은 것입니다. 그러나 그렇다고 해서 '다 가져가십시오'라며 우리 집 대문을 활짝 열어놓는 것이 옳은 방법은 아닙니다. 마냥 강도를 용서하는 것도 역시 적절한 방법은 아닙니다. 마을의 방범 체계를 정비해 상시 감시가 이뤄지도록 하고, 이웃 주민과 소통 체계를 마련해서 강도가 나타나면 조기에 경보가 퍼지도록 하며, 자경단을 조직해 주기적인 순찰이 가능하도록 치밀하게 대응하는 것, 그러면서 새로운 강도가 생겨나지 않도록 마을 안팎의 어려운 이웃을 돕기 위해 노력하는 것, 이것이 바로 선한 일입니다.

그 때문에 '착해빠졌다'는 이야기는 있되, '선해빠졌다'는 이야기는 없는 것입니다. 착한 것은 자기 주체가 없이 상대가 하고 싶은 대로 들어주고 양보하며, 심할 경우에는 자기 스스로를 포기하는 것을 말합니다. 그러나 선한 것은 다릅니다. 선하기 위해서는 반드시 먼저 있어야 하는 것이 자신만의 원칙입니다. 그 원칙에 따라 흔들림 없이 옳은 방법으로 바른 길을 택해 정진할 수 있어야 그것이 바로 선한 것입니다.

착하게 사는 것은 쉽지 않지만, 그렇다고 크게 어렵지도 않습니다. 조금만 노력하면 이룰 수 있는 삶입니다. 더군다나 착하게 사는 것은 쉽게 드러나고, 그러다 보니 늘 칭송 받는 삶을 살게 됩니다. 그러나 선하게 사는 것은 정말 어렵습니다. 해야 할 일, 챙겨야 할 일이 정말로 많고, 복잡합니다. 반면 그 선의가 오해를 받게 되는 경우도 심심치 않게 발생합니다. 그러다 보니 사람들은 선하게 사는 것보다 착하게 사는 것을 더 선호하거나 대충 둘을 묶어서 같은 것 취급을 하고는 합니다.

그러나 착하게 사는 것이 악하게 사는 것의 반대가 아니듯, 착하게 사는 것만으로는 세상의 악행을 막을 수 없습니다. 매번 그러한 악의 피해자이자 악행의 제물 신세를 면하기가 어렵습니다. 악을 상대할 수 있는 것은 '선함'입니다. 자신의 일에 성실하게 임해 누가 보더라도 지극하게 최선을 다하고, 거짓 없이 정직하게 승부를 피하지 않는 정정당당한 태도를 취하는 선한 사람을 세상은 가장 무서워합니다.

작은 사업이든지 큰 사업이든지 성공을 하려면 반드시 대가를 치러야 합니다. 하늘은 스스로 돕는 자를 돕는다고 했지만, 그를 보다 넓게 해석해보면 '세상에는 공짜가 없다'는 것입니다. 하늘은 반드시 대가를 치른(스스로 돕는) 이에게만 축복과 혜택을 베풀어줍니다(돕는다). 그럴 때 하늘의 축복과 혜택을 위해 우리가 제공할 수 있는 유일한, 그러면서도 가장 강력한 대가가 바로 '선함'입니다.

성공하고 싶으신가요? 그렇다면 지금 당장 착한 일, 착한 장사, 착한 사업을 할 생각을 버리십시오. 그리고 선한 일, 선한 장사, 선한 사업을 보다 선하게 할 방법을 찾는 데 여러분의 진심을 다하십시오.

04

'삼성(三性)'만이 살아남는 까닭

2008년, 미국 제44대 대통령을 선출하기 위한 대통령 선거를 앞두고 공화당과 민주당은 각기 후보로 존 매케인(John Sidney McCain III) 상원의원과 버락 오바마(Barack Hussein Obama II) 상원의원을 내세웠습니다. 물론 서브프라임 모기지론 사태로부터 촉발된 '세계 사업체'라는 초대형 악재 덕분에 선거 막바지로 갈수록 오바마가 승기를 잡게 되었지만, 사실 선거 초반만 하더라도 두 사람 사이의 판세는 알 수가 없었습니다. 아니, 3대를 이어온 명문 군인 집안의 후손으로 베트남전쟁 때 수많은 고초를 겪으면서도 미국에 충성을 다한 전쟁 영웅인 존 매케인 상원의원이 변호사 출신의 초선 상원의원이었던 버락 오바마에 비해 분명히 앞서 있었습니다. 또한 오바마가 대통령이 될 경우 '미국 역사상 최초의 유색인종 대통령'이라는 기록을 세우게 될 터였지만, 그만큼 미국 주류 사회에서는 오바마가 대통령이 되는 것을 원치 않았습니다. 여러모로 매케인 후보가 유리한 상황이었습니다.

그런데 놀라운 일이 일어났습니다. 본격적인 선거운동이 시작되고, TV 토론이 개최되자 지지율에 요동이 치기 시작했습니다. 공화당의 존 매케인 후보가 버락 오바마를 혹독하게 공격하면 공격할수록 매케인의 지지율은 급락했고, 오바마의 지지율은 치고 올라갔습니다. 그렇다고 매케인의 공격 방식에 문제가 있다거나 터무니없는 내용으로 공격한 것도 아니었습니다. 매케인 자신이 과거 2000년 대선 후보 선거 당시에 조지 부시 대통령 측의 허위, 과장, 흑색선전으로 큰 고초를 겪었던 적이 있었기에 매케인 진영은 철저히 팩트에 입각해 오바마의 가장 아픈 부위만을 집요하게 파고들었습니다. 그런데도 오바마 지지자들은 흔들리지 않았습니다. 오히려 오바마를 지지하지 않았던 친민주당 성향 유권자들이나 무당층 유권자들이 오바마 쪽으로 옮겨 가기 시작했습니다.

그럴 수 있었던 까닭은 오바마가 매케인에게 공격을 받을 때마다 네 가지 모습을 보여줬기 때문입니다. 첫째, 상대의 거친 언사와 공격적인 말투에 오바마가 늘 보여줬던 모습은 '여유 있는 미소'였습니다. 이는 곧 '승자의 미소'를 연상시켰습니다. 둘째, 매케인이 아무리 급박하게 공격하고 빠른 해명을 요구해도 오바마는 절대로 흥분하지 않았습니다. 침착한 모습으로 상대방이 질문한 내용을 다시 정리해서 답해야 할 요점들을 정리한 뒤 차근차근 대답했습니다. 셋째, 협조적인 모습을 보여줬습니다. 상대가 분명한 적의를 보이며 '왜 오바마가 아니라 매케인이 미국의 대통령이 되어야 하는지'를 지속적으로 주장해도 그에 대해 절대로 '아니다', '틀렸다'는 말을 하지 않았습니다. 대신 "당신은 그렇게 생각할 수도 있고 틀린 생각도 아니지만, 저는 조금 다르게 생각한다"며 완곡하게 반대 의견을 피력했습니다.

마지막으로 넷째, 모든 행동 하나, 말투 하나에 예의와 위엄이 담겨 있었습니다. 흑백 혼혈이었던 자신의 혈통에 대한 악의적인 루머에 대해서도, 무슬림을 연상시키는 자신의 중간 성 후세인을 빌미로 '테러리스트와 연루된 것 아니냐'는 터무니없는 공격을 당할 때에도 오바마는 품위를 잃지 않았습니다. 무조건적인 해명과 감정적인 반론 대신에 그러한 흑색선전과 저질 정치 공세가 나올 수밖에 없었던 정치 풍토에 대해 진심으로 마음 아파하며 자신은 그러한 수준 낮은 정치를 하지 않겠다고 약속했습니다.

그 결과 선거운동이 진행되면 될수록, 공화당 매케인 후보의 공세와 정치 캠페인이 강해지면 강해질수록 민주당 오바마 후보의 인기가 더 올라가는 현상이 지속되었고, 결국 그해 11월 4일 버락 후세인 오바마 2세는 미국의 제44대 대통령에 당선되었습니다. 혹자는 "오바마의 인성(人性)이 매케인의 고성(高聲)을 이겼다"며 농담을 하기도 했습니다.

흔히들 세상을 살아가는 데 있어 "가장 중요한 것이 무엇인가?", 함께 일할 사람을 선발한다고 하면 "어떤 점을 가장 중요하게 볼 것인가?"라고 물으면 의외로 많은 이들이 '탁월한 역량'이나 '남다른 실력' 혹은 '리더십'이나 '카리스마' 같은 요소보다 '친화력', '인성' 등과 같은 요소들을 손에 꼽고는 합니다. 좀 거칠게 얘기하는 이들은 '싹수'나 '싸가지' 같은 단어를 들 때도 있습니다.

그런데 실제로 그렇습니다. 국내 유수의 기업에 재직 중인 고위급 리더들을 대상으로 한 설문조사에서 '일은 잘하지만 인성이 별로인 직원'과 '업무 능력은 조금 미흡하지만 인성이 좋은 직원' 중 어떤 직원을 데리고 일하고 싶은가 하는 질문에 조사 대상의 80% 가량이 '일은 잘하지 못하더라도 인성이 좋은 직원'과 함께 일하고 싶다고 답했다는 자료를 본 적이 있습니다.

저만 하더라도 이제까지 여러 회사를 창업하거나 경영해오며 숱한 이들의 면접을 보고, 채용을 해서 함께 일하다가, 평가를 거쳐서 승진을 시키기도 하고, 또 거꾸로 함께 일하지 못하겠다는 통보와 함께 집으로 돌려보내는 일을 숱하게 경험해왔습니다. 그러다 보니 관상가 수준은 아니지만 그래도 쌓인 경험을 바탕으로 같이 일하면 서로 배포가 맞고 시너지(synergy)를 낼 수 있는 인재인지, 겉으로 보이는 모습은 그럴듯하지만 티격태격하다가 분명히 서로 안 좋은 얼굴로 헤어질 사람인지 분별할 수 있는 능력이 그래도 남들보다 조금은 더 있는 편입니다.

그런 제가 사람을 볼 때 주안을 두는 것은 '삼성(三性)'입니다. 한국을 대표하는 전자제품, 반도체 기업의 그 '삼성'이 아니라 심성, 인성, 그리고 육성의 '삼성'입니다. 그러한 삼성의 첫 번째는 '심성(心性)', 곧 마음 씀씀이입니다. 사람은 생각의 동물이고, 감정의 동물입니다. 자기 자신만 알고 남은 배려하지 않고, 내 입에 들어가는 것만 중요하고 다른 이가 배곯는 것은 중요하지 않게 여기는 동물과도 같은 모습을 보이려 할 때, 그를 다독여서 그렇게 하지 않도록 작동하는 것이 마음(心)이고 그 마음을 얼마나 잘 다스리고 있는지를 살필 때 저는 심성을 살피는 것입니다.

두 번째는 '인성(人性)', 곧 인간 된 도리입니다. 사람이 인간으로 태어났으면 응당 해야 할 도리가 있습니다. 부모님이 연로하시면 효심으로 돌봐드려야 하고, 나보다 연장자를 만나면 그들에게 존경을 표해야 하며, 연소자를 만나면 애정으로 보살펴주는 것이 인간으로서 잊지 말아야 할 도리입니다. 그 도리를 제대로 하는지를 살필 때 저는 인성을 살핍니다. 인간은 혼자서는 살 수 없는 존재입니다. 특히 기업 환경 속에서는 혼자만 잘나서는 아무것도 이룰 수가 없습니다.

마지막으로 제 주위에 부족한 사람이나 도움이 필요한 사람을 도와 그들이 자신과 같은, 때로는 자신을 능가하는 훌륭한 인재로 성장하도록 도와주는 것이 '육성(育成)'입니다. 이렇게 세 가지의 성이 현시대의 탁월한 인재들이 공통적으로 갖고 있는 역량이요, 제가 어떠한 인재의 수준을 평가할 때 중요하게 살펴보는 기본적인 요소입니다.

그런데 이제까지도 이 '삼성'을 중요시 여기고 각종 면접이나 승진, 사업적 미팅을 진행할 때마다 인재의 수준을 평가하는 주요 척도로 삼아왔지만, 앞으로 그 중요성은 나날이 더 커져갈 듯합니다.

과거 인류의 역사는 인간과 짐승들이 경쟁하던 시대였습니다. 사냥에 나선 인간은 들판의 짐승들과 다퉈 이기면 먹음직한 고깃덩어리를 차지할 수 있었지만, 지면 그 자신이 짐승의 먹잇감이 되어야 했습니다. 그래서 그 당시 인간의 무기는 사냥에 함께 나선 동료와의 유대감, 내 손에 쥐어진 돌도끼의 날카로움이었습니다. 그렇기에 그 시대에 성공하기 위해서는 시간 날 때마다 동료들과 친분을 쌓고, 수시로 돌도끼를 다듬고 몽둥이를 깎아야 했습니다.

이후 인류의 역사는 인간과 인간들이 경쟁하던 시대가 되었습니다. 인간들은 다른 경쟁자와의 승부에서 우위에 서기 위해 자본을 더 유치해 사람을 더 고용하거나 공장을 더 지어 기업의 규모를 키우고 기술을 개발했습니다. 일반인들 역시 먹고살기 위해 다른 인간들과 경쟁해야 했고, 남다른 기술과 전문성을 갖추기 위해 많은 노력을 기울여왔습니다. 그 때문에 그 시대에 성공하기 위해서는 학식을 쌓고, 전문 기술력을 축적하고, 투자를 해줄 만한 사람 또는 기관을 찾아내 그들에게 매력적으로 어필하는 데에 많은 노력을 쏟아부어야 했습니다.

그런데 이제 우리가 살아가야 할 세상은 어떨까요?

다들 뉴스를 통해, 책을 통해 보고 들어서 아는 바와 같이 앞으로는 인간과 인간만이 경쟁하는 것이 아니라 그에 더해 인간과 로봇, 인간과 인공지능이 치열하게 경쟁해야 하는 시대가 될 것입니다. 그런데 로봇과 인공지능은 기존에 수천만 년간 인간이 경쟁했던 대상과는 그 차원이 다른 존재입니다. 짐승이나 인간은 그래도 살아 있는 생물이므로 생로병사의 사이클에서 벗어날 수가 없고, 그 체력적·정신적 측면에서 한계가 분명하게 있는 존재였습니다. 그러나 로봇과 인공지능은 그렇지가 않습니다. 인간이 잠든 시간에도 '그들'은 쉬지 않고 작업을 수행할 수 있고, 인간이 스트레스를 받거나 감정이 상해 업무에 집중할 수 없는 순간에도 그들은 아무렇지도 않은 듯 주어진 과업을 한 치의 오차도 없이 척척 처리해 낼 수 있습니다. 그렇다면 우리는 그들과의 경쟁에서 승리하기 위해 무엇을 준비하고, 어떤 것을 갈고닦아야 할까요? 계속해서 동료 사냥꾼들과 친분을 쌓고, 돌도끼와 창끝을 날카롭게 갈고닦아야 할까요? 돈을 쏟아부어 사업 규모를 확대하거나 남다른 전문 기능을 쌓기 위해 시간과 노력을 쏟아부어야 할까요?

방법 중 하나는 될 수 있겠습니다. 그러나 가장 핵심적인 것은 우리에게는 있되 '그들'에게는 없는 것, 그래서 그들이 아무리 24시간 쉬지 않고 날고 기어도 우리와 경쟁할 수 없는 것을 찾아내 그것을 우리의 무기로 장착하는 것이 될 터입니다.

그것이 바로 가장 위대한 삼성, 마음 씀씀이인 '심성(心性)', 인간으로서의 본분과 도리인 '인성(人性)', 그리고 나 아닌 타인의 성장에 대한 헌신적인 지원인 '육성(育成)'인 것입니다.

05

사람을 이끌 수 있는 만병통치약

　요즘은 쉽게 보기 어려운 풍경이 되었지만, 제가 어렸던 시절만
하더라도 마을 장터나 동네 공터에 사람들을 모아놓고 만병통치
약을 파는 약장수들이 종종 있었습니다. 사실 그때도 알 수 없었
지만, 제약회사를 운영하는 지금도 그 약의 성분과 효능이 도무지
무엇이었는지는 알 수 없습니다. 그럼에도 당시 동네에 약장수가
왔다는 소문이 돌면 친구들과 만사를 제쳐두고 몰려가서 구경을
했습니다. 왜냐하면 볼거리나 즐길 거리가 많지 않았던 당시에, 파
는 약과 상관없이 약을 판매하기 전 약장수들이 보여주는 퍼포먼
스가 무척이나 재미있고 흥미진진했기 때문입니다.

　약을 파는 사람들마다 조금씩 다르기는 했지만, 그들이 펼쳐놓

는 공연의 큰 흐름은 대략 대동소이했습니다.

한때 개그 프로그램이나 사회 풍자 드라마 등에서 단골 대사로 사용되었던, "이 약으로 말씀드릴 것 같으면, 충남 계룡산에서 20년, 대구 팔공산에서 30년, 도합 50년간 입산수도한 우리 대사님께서…" 같은 입담에 저도 모르게 빠져들기도 했습니다. 또 입에 휘발성이 강한 물질을 머금다 뿜어 불기둥을 만들어내는 불쇼, 웃통 벗은 사람의 배 위에 돌덩이를 얹은 뒤 해머로 돌을 때려 깨거나 뾰족한 못이 가득 박힌 판 위를 맨발로 걷는 등의 차력쇼, 사람의 머리 위에 얹은 사과를 눈을 감고 칼로 베어내거나 앉은 자리에서 붕 날아올라 성인 남자의 키를 넘는 무공 시범 등이 대표적인 레퍼토리였습니다.

모두가, 만병통치약을 파는 자신들이 얼마나 대단한 사람들이고, 만병통치약을 만들 만한 자격과 능력이 있는 사람들인지 눈앞에 직접 보여주고 증명하는 내용들이었습니다. 사람들이 자기네들의 말을 믿고, 그 말에 따라 거금을 주고 약을 구입하도록 이끈 것이죠. 그런데 저는 이들 약장수의 모습에서 우리가 놓치지 말아야 할 '리더의 덕목'이 있다고 생각합니다.

여러 개의 기업을 경영하고 많은 사람과 일을 하다 보니 많은 리더들을 접하게 됩니다. 또 때로는 여러 사람들이 저에게 '탁월한 리더의 조건' 또는 '뛰어난 리더가 되기 위한 방법' 등에 대해 물어오고는 합니다. 그럴 때마다 저는 어린 시절의 약장수들을 떠올립니다.

좋은 리더가 되기 위해 필요한 리더십의 요소는 단순합니다. 구성원들이 리더의 생각과 말을 따를 수밖에 없도록 하는 '확실한 무언가'가 바로 그것입니다. 저는 그를 '실력'이라고 표현할 때도 있고, '성과'라고 표현할 때도 있습니다. 어찌 됐든 구성원들이 그 리더를 믿고 따를 수밖에 없도록 만드는 확실한 무언가를 보여줘야 합니다.

제가 사업적으로 이런저런 어려움을 겪고 이제 막 재기를 모색하려 할 때의 일입니다. 모 병원 그룹의 대표로부터 한 가지 제의를 받았습니다. 사업적·법적으로 어려움을 겪던 자신의 회사를 맡아 회생시켜달라는 것이었습니다. 말씀하신 분의 간곡한 청도 있었지만, 저 스스로 이 또한 저에게 주어진 위기이자 기회이며, 제 능력을 발휘할 무대이자 저의 한계를 테스트할 시험장이라 여기고 기꺼이 그 청을 받아들였습니다.

일을 맡기로 하고 회사의 사정을 세부적으로 들여다보니, 문제는 생각보다 심각했습니다. 재정적인 측면에서는 아직까지 기업이 존속하고 있다는 것이 신기할 정도로 심하게 부실했습니다. 법적으로도 여러 가지 문제가 얽혀 있어서 언제라도 큰 문제로 확산될 것처럼 보였습니다. 게다가 오랜 어려움을 겪다 보니 그룹 전체적으로 분위기가 침체되어 위아래 할 것 없이 모두가 패배의식에 휩싸여 있었습니다. 어느 것 하나 쉽사리 해결할 수 있는 문제가 아니었습니다. 벌써부터 구성원들 사이에서는 외부에서 영입된 새 대표였던 저에 대한 이런저런 얘기가 오가는 듯했습니다.

부임을 한 뒤 제가 가장 먼저 한 것은 무엇이었을까요? 구성원들을 하나하나 직접 만나 "열심히 해보자"고 독려하는 것이었을까요? 아니면 "내 말 좀 듣고, 나 좀 도와달라"며 읍소라도 하는 것이었을까요?

의외로 제가 가장 먼저 한 일은 '방문을 걸어 잠그는 것'이었습니다. 저는 사무실 내에 은폐된 공간을 하나 달라고 해서 책상 하나와 1.5리터짜리 플라스틱 병을 가져다 놓았습니다. 그리고 그날로부터 자발적인 은둔 생활이 시작되었습니다. 매일 새벽 일찌감치 아무도 출근하지 않은 사무실에 나가 저만의 공간으로 들어간 뒤 일과 중 단 한 차례도 밖으로 나오지 않았습니다. 점심은 집에서 싸 가지고 간 도시락으로, 소변은 1.5리터짜리 플라스틱 병으로 해결했습니다. 그러고는 하루 종일 회사에 산적한 문제들을 해결하는 데 매달렸습니다. 회사 직원 중 유일하게 재경 담당 이사와만 전화 통화를 하거나 얼굴을 마주해 회의를 하고 업무를 처리했습니다.

앞서 어버이날 제가 케이크와 꽃 등을 보내 감사의 마음을 전하는 분들이라 했던 분 중 두 분의 변호사님과 한 분의 회계사님으로부터 헌신적인 도움을 받아 회사가 처해 있던 법적·회계적 이슈들을 깔끔하게 처리해나가기 시작했습니다. 그와 더불어 오랜 NGO 사업을 함께하며 깊은 관계를 맺어왔던 시민운동계의 대부 격인

한 목사님의 도움과 조언을 구해 회사가 불필요하게 받았던 사회적 불신과 오해를 해소하는 일에도 착수했습니다.

가장 심각한 문제였던 재무 문제는 그룹 내에 존재감이 매우 미미했던 작은 상장회사를 통해 해결을 모색했습니다. 제가 부임했을 때 이 회사는 주가가 액면가 이하로 떨어져 있는 상태였습니다. 그런 상황에서 과연 이 회사가 시장에 어필할 만한 것이 무엇이 있을지 고민해보았습니다. 역시 제가 어버이처럼 모시는 모 대학 병원 교수님의 도움으로 문제의 해결점을 찾을 수 있었습니다. 적극적으로 도와주신 분들 덕분에 회사는 유상증자에 성공했고, 회사에 투자가 들어오기 시작하면서 비로소 자금에 숨통이 트이기 시작했습니다.

이후 여러 우여곡절이 많았지만, 회사의 물적 분할도 성공했고, 두 개의 상장회사가 설립되어 성공적으로 운영되면서 그룹 전체가 다시 활력을 찾아가기 시작했습니다. 침체돼 있던 조직이 다시 굴러가기 시작했고, 패배주의에 휩싸여 있던 구성원들이 점차 '어? 이것 봐라. 우리도 하면 되는데?'라며 자신감을 갖고 나서는 것이 눈에 보였습니다. 그렇게 되기까지 매일매일이 전쟁이었고, 시간 단위로 여기저기서 새로운 문제들이 폭탄 터지듯 튀어나왔습니다. 그를 해결하기 위해 하루 동안 전투를 치열하게 치르다 보면 어느새 자정이 가까워질 무렵이 되었습니다. 그러면 1.5리터짜리 플라스틱 병을 들고 나와 오물을 화장실에 비우고는, 모든 직원이 퇴근하고 아무도 없는 불 꺼진 사무실을 빠져나왔습니다. 그런 생활을 6개월 가까이 이어나갔습니다.

결국 회사를 정상화시켜놓은 뒤 비로소 닫혀 있던 문을 열고 나와 처음으로 직원들을 만났습니다. 그때 만난 직원들은 처음 부임할 때 제가 전해 들었던 과거 직원들의 모습이 아니었습니다. 이미 리더의 실력을 직접 눈으로 확인했기에 그들은 새로운 리더(사실은 이미 6개월 전에 부임한 중고 리더였지만)의 뜻을 존중했고, 말 한마디를 허투루 듣지 않았습니다. 굳이 "나를 따르라!"며 고함을 치지 않아도 회사의 나아가는 방향에 기꺼이 자신들을 맞춰나갔으며, 제 지시를 충실하게 따르기 위해 노력했습니다.

확실하게 따를 만한 리더임을 실력으로 먼저 보여주고 신뢰를 구축한 뒤 어떠한 방향을 제시하고 그에 따르도록 하는 것이 중요하다는 것을, 우리는 어쩌면 어린 시절에 만났던 약장수의 모습으로부터 이미 깨닫고 있었던 것인지 모릅니다.

만약 자신이 생각한 만큼 제 능력을 제대로 보여주지 못했다면, 겸손한 마음으로 직원들에게서 배울 것을 찾아 마음속에 깊이 담아 배우려 노력하는 리더가 돼야 합니다. 또 인정하고 칭찬하는 데 인색하지 않아야 합니다.

물론 쉬운 일은 아닙니다. 그러나 사람의 마음을 사서 그들을 진심으로 움직이도록 하기 위해서라면 이 정도쯤은 할 수 있어야 진정한 리더라고 할 수 있지 않을까요?

06

가장 가까운 이에 대한 감사,
가장 가까운 이로부터의 기적

흔히 '면접은 전쟁'이라고들 합니다. 회사와 맞는 인재를 찾아내고 능력을 검증하기 위해 날카로운 질문을 하는 면접관들과 그런 면접관들의 공격에 효과적으로 맞서 자신의 치부를 드러내지 않고 오히려 어필하고 싶은 장점을 제시하려는 지원자들의 한판 싸움입니다. 특히 지원자가 많고 면접 시간은 길지 않아 제한된 시간 내에 많은 사람을 만나 판단을 내려야 하는 면접의 경우, 그 다툼은 치열해질 수밖에 없습니다.

그럴 때면 제가 던지는 회심의 질문이 있습니다.

"아버지는 어떤 일을 하셨습니까?"

"어머니는 어떤 분이셨습니까?"

영화 〈친구〉에서 주인공들을 체벌하는 선생님의 대사로 나와 큰 인기를 끌었던 유행어, "느그 아부지 뭐 하시노?"와 비슷해 보이는 질문입니다. 전형적으로 꼰대스러운 질문이지요. 하지만 이 질문은 그런 질문이 아닙니다. 이 질문은 제가 지원자의 아버지가 어떤 직업을 갖고 사셨는지 궁금해서 던지는 것이 아닙니다. 마찬가지로 지원자의 어머니가 어떤 사람이었는지, 좋은 분이셨는지 나쁜 분이셨는지가 궁금해서 묻는 질문이 아닙니다. 이 질문에 지원자가 답을 하면 몇 개의 질문이 더 이어집니다.

"사업을 하셨다고 하는데, 어떤 종류의 사업을 하셨습니까?"

"그런 사업가로서의 모습이 어땠습니까?"

"당신에게 어떤 영향을 미쳤나요?"

"어떤 아버지이셨는지 이야기를 해줄 수 있을까요?"

이쯤 되면 지원자들도 '뭔가 이상하다'는 낌새를 눈치채기 시작합니다. 그저 가족 관계를 묻고 신상을 확인하기 위해 던진 질문이 아니라는 것이 느껴지기 때문입니다. 그렇습니다. 제가 이 질문을 던진 이유는 따로 있습니다. 지원자의 답변 내용은 그다지 중요하지 않습니다. 오히려 아버지, 어머니에 대한 얘기를 할 때 지원자의 표정과 말투, '어머니의 고마움', '아버지와의 추억'을 이야기할 때의 표현 방법, 예를 들어 몇 번이나 '고마움'을 표현하는가, 얼마나 '애틋함'을 이야기하는가 등등을 살피기 위해 유심히 바라봅니다. 그렇게 저는 '가정교육을 잘 받은' 지원자들을 선발해 함께 일하는 것을 선호합니다.

그러나 오해하지 말아야 할 것이 있습니다. 제가 여기서 말하는 '가정교육을 잘 받은'이라는 의미가 고관대작 집안이나 부잣집에서 태어나 어려움 모르고 곱게 자라난 것을 말하는 게 아니라는 점입니다. 같은 의미로 많이 배워 학식이 높고 교양 있는 부모 밑에서 많은 혜택을 받으며 자라난 것을 말하는 것도 아니라는 점입니다. 여기서 말하는 '가정교육을 잘 받은'이라는 뜻은 부모에의 감사함과 가족의 소중함을 어려서부터 가슴에 담고, 가족과 더불어 함께 잘살기 위해 노력해온 삶을 말합니다.

새벽 4시에 집을 나섰다가 11시 무렵이면 만취해서 몸을 비틀거리며 온 동네가 떠나가도록 고래고래 고함을 쳐댔던 아버지, 초등학교 2학년을 중퇴한 거의 무학이다시피 한 학력에 몸이 안 좋아서 하루 일하면 이틀은 앓아누워야 했던 어머니, 그리고 집 떠난 누이와 철없던 두 동생. 그런 가정에서 자라난 저는 어느 누가 보더라도 '불우한 가정환경 속에서 자라난' 사람이었습니다. 그러나 감히 저는 제 스스로를 일컬어 '가정교육을 잘 받은' 사람이라고 자부합니다. 누가 보면 뭐 하나 내세울 것 없는 가족이지만 그 가족이 제 보물이었고, 어린 시절부터 제가 기꺼이 일어서서 열심히 살아가야 하는 이유가 되어주었습니다.

그 때문에 저는 제 일에 최선을 다한 것만큼이나 가족에게도 최선을 다했습니다. 사업으로 성공한 뒤 수십 년간 해외 출장을 갈 때면 늘 아버지를 모시고 다녔습니다. 젊어서는 세상 모두를 발아래 두고 호령하고 싶은 사내였지만 불우했던 시대 탓에, 또 혼자의 힘으로 해결하기 어려웠던 가난 탓에 제대로 된 세상 구경을 못 해봤던 아버지께 제가 해드릴 수 있는 최상의 효도가 '세상 구경'이었습니다. 그렇게 모시고 다닌 나라만 해도 돌아가실 때까지 20여 개국이 넘었습니다. 출장지에 모시고 가 제가 바이어들과 미팅을 하고 거래를 성사시키는 동안 아버지는 가이드의 안내에 따라 그 나라 구경을 다니시도록 했습니다. 그리고 저녁이 되면 그 나라에서 제일 유명하고 좋은 식당에서 아버지를 만나 "오늘 하루 어떤 구경을 하셨는지?"를 여쭸습니다. 그러면 "뭐 별거 없데. 한국에서 다 본 거라카이"라고 시큰둥해하시면서도 내심 신기했던 장소와 경험을 아들에게 늘어놓을 때의 아버지 표정을 지금도 잊을 수가 없습니다.

어머니께는 분가한 이후 수십 년째 매일 아침이면 전화로 문안을 드리고 있습니다. 과거에는 '혼정신성(昏定晨省)'이라 하여 '저녁(昏)에 잠자리를 봐드리고(定), 새벽녘(晨)이면 문안 인사를 드리는 것(省)'이 자식 된 당연한 도리라 여겨져 왔는데, 부족하나마 21세기식 혼정신성을 하는 셈입니다.

아무리 중요한 조찬 모임을 하고 있든지, 아침 골프 라운딩 중이든지, 해외 출장 중이든지 상관없이 매일 아침 8시 반에서 9시가 되면 어머니께 전화를 드려 "밥은 드셨는지?", "교회는 다녀오셨는지?", "어디 불편한 곳은 없으신지?", "뭐 필요한 것은 없으신지?"를 여쭙습니다. 물론 아침 통화를 제외하고서라도 하루 중 생각이 나면 서너 통 넘게 전화를 드려 수시로 안부를 묻지만, 어쨌든 간에 수십 년째 전화 문안을 일종의 제 아침 루틴(routine)으로 가져가고 있습니다. 이 모든 것이 가족이 저에게 너무나도 소중한 존재이기에 당연히 그렇게 하는 것입니다.

예전에 KBS의 한 방송 작가분이 연락을 해온 적이 있습니다. 〈사랑의 카네이션〉이라는 프로그램에 출연을 해달라는 것이었습니다. 일정 등이 맞지 않아 출연까지 이르지는 못했지만, 그때 그 작가분께 제가 했던 얘기가 기억납니다. 작가분은 저에게 "회장님은 '효(孝)'가 뭐라고 생각하세요?"라고 물었습니다. 그 물음에 저는 한 치의 망설임도 없이 **"부모가 자식에게 어떤 말이라도 자신 있게 할 수 있도록 해드리는 것이라고 생각합니다"**라고 답했던 것이 생각납니다. 자식이 성장해서 점점 나이를 먹고 사회적으로 자리를 잡게 되면 부모와 자식의 관계가 역전되기 시작합니다. 부모는 점점 신체적인 힘이나 정신적인 힘이 빠져버리고 경제적으로도 힘을 잃을 수밖에 없습니다. 내 배로 낳아 기른 자식이지만 점점 대하기가 어려워지고 말을 꺼내기가 쉽지 않아집니다. 그런 부모님이 내 품 안에 두고 기를 때처럼 편안하게 이야기를 꺼내고 부탁할 것이 있으면 부탁하고 시킬 일이 있으면 시키실 수 있도록 대해드리는 것, 그것이 제가 생각하는 진정한 효도였기에 그렇게 답했던 것입니다. 실제로 저는 부모님이 저를 그토록 스스럼없이 대하실 수 있도록 하기 위해 최선의 노력을 다해왔습니다.

나이가 들어서는 저와 결혼해준 아내와 그 사이에서 태어난 두 아들, 그리고 이제는 딸 같은 며느리와 곧 태어날 손주까지… 이 가족과 함께 살아가는 하루하루가 저에게는 기적이요, 축복이 되고 있습니다. 저는 매일 아침 이들에게 감사하는 것으로 하루를 시작합니다.

매일 아침 밥상에 앉으면 감사의 기도를 올리며, 기도의 말미에 이런 얘기를 덧붙이고는 합니다.

"오늘도 저에게 위대한 기적을 제공해준 제 아내를 위해 기도드리옵나이다."

실제로 저는 감히 '3만 2850끼의 위대한 기적'이라고 부르고 싶습니다. 아내는 아무것도 없는, 아니 갚아야 할 엄청난 빚을 떠안은 저와 결혼해 30년을 한결같이 저를 위해 밥상을 차려왔습니다. "남들 다 하는 걸, 그게 무슨 '위대한 기적'이냐?"라고 반문하는 사람이 있을 수 있습니다. 그러나 결혼 이후 아내는 30년 이상 가족을 위해 날마다 세 번의 밥상을 차리되, 그냥 차리는 것이 아니라 아침에 먹은 반찬과 겹치지 않는 반찬을 점심에 내기 위해, 어제 먹은 찌개와 다른 찌개를 끓여 내기 위해 없는 살림에 어떻게든 장을 보고 요리 솜씨를 부리고 아이디어를 짜내가며 삼시 세 끼를 준비해왔습니다. 삼시 세 끼 해 먹는 것만 갖고 인기 TV 프로그램을 만들어내는 시대에 아내는 그런 끼니를 3만 끼 이상 만들어온 것입니다. 이것이 '위대한 기적'이 아니면 다른 무엇이 또 기적이란 말이겠습니까?

라면 하나를 끓여도 아내는 두 번에 걸쳐 끓입니다. 라면을 제조하는 공정에서 면을 튀기는데, 먼저 한 번 삶아내서 그 기름기를 쏙 빼고, 스프와 함께 다시 끓여 라면을 완성시킵니다. 사소한 인스턴트 음식 하나를 만들어내는 데에도 가족의 건강을 생각해 번거로운 수고를 마다하지 않는 그 숭고한 마음 씀씀이, 그것이 '위대한 기적'이 아니면 다른 무엇이 또 기적일까요?

그 때문에 저는 저의 가족, 특히 제 아내에게 날마다 감사하지 않을 수가 없습니다. 그런데 여기서 끝이 아닙니다. 날마다 세 번 일어나는 이 위대한 기적은 또 다른 기적을 낳습니다. 끼니마다 제 입에 붙어 있는 '맛있게 잘 먹었어요', '수고했어요', '감사해요'라는 제 말을 듣고 자란 두 아들 역시 맨날 사업에 바빠 밖으로만 도는 아버지가 신경을 많이 못 써줬음에도 훌륭하게 자라나 주었습니다. 이 또한 소소하지만, 놀라운 기적입니다.

제가 여기서 말하는 '훌륭하게'라는 표현은 비단 '공부를 잘해서 좋은 직장에 다니며 돈 잘 벌고 부모님 잘 모시고…'와 같은 이야기가 아닙니다. 물론 쑥스럽지만 조금 자랑을 하자면, 두 아들 모두 저마다 자신의 자리에서 최선을 다해줘 사회인으로서 성공적인 커리어를 써가고 있는 중입니다. 큰아들은 국내 대학을 마치고 중국에서 MBA를 수료한 뒤 저희 계열사 중 한 곳에서 근무하고 있고, 어릴 때부터 약을 연구하고 싶다는 꿈을 가지고 있던 둘째 아들은 서울의 국립대학 약학과를 졸업하고 대학원에서 시스템 생물학을 전공하고 있습니다. 그러나 제가 감히 '기적'이라는 표현을 써가면서 팔불출로 보일 것을 무릅쓰고 두 아들을 '훌륭하게 자라났다'고 이야기하는 이유는 다른 데 있습니다.

저는 아이들이 어렸을 때부터 앞으로 우리 아이들이 어떤 세상에서 어떤 어른으로 자라나면 좋을지에 대해 많은 고민을 했습니다. 확답을 얻지는 못했지만, 어느 정도 저만의 답을 갖고 주말이면 장애인 복지시설에 가서 자원봉사 활동을 하도록 했습니다. 일주일 내내 공부하고 조금 쉴 수 있는 주말 내내 시설에 가서 봉사 활동을 하라는 부모의 말에 반발할 법도 했지만, 아이들은 그러지 않았습니다. 오히려 더 적극적으로 복지시설을 찾아가 몸이 불편한 이들을 씻기고, 식사를 배식하고, 용변을 보게 도와드렸습니다.

그러나 우리가 잊지 말아야 할 것이 하나 있습니다. '세상에 공짜는 없다'는 것입니다. '노력하지 않았는데 절로 이뤄지는 것'은 단언컨대 이 세상에 절대 존재하지 않습니다. 제가 앞서 '기적'이라고 표현한 가족과 관련한 것들 역시 그렇습니다. 사랑과 우애가 넘치는 가족, 서로가 서로에게 힘이 되어주는 가족, 영원히 건강하고 행복한 웃음이 끊이지 않는 가족은 절대로 그냥 절로 이뤄지지 않습니다. 그럼에도 많은 이가 '가족'과 관련된 것은 하늘에서 뚝 떨어진, 그냥 두면 저절로 알아서 되는 것으로 착각하는 이들이 많습니다.

하지만 그렇지 않습니다. 우리가 돈을 벌기 위해 '재(財)테크'를 하고, 시간을 효율적으로 사용하기 위해 '시(時)테크'를 하듯, 보다 행복한 가정을 위해서는 반드시 치밀한 가정관리, 이른바 '가(家)테크'가 필수적입니다.

아내와 결혼 후 수십 년간 제가 '반드시 하려고 한 일'이 두 가지가 있고, '절대로 하지 않은 일'이 한 가지가 있습니다.

'반드시 하려고 한 일' 중 첫 번째는, 아침에 일어나면 물 한잔 마시고서 우리 가족을 위해 아침 식사를 준비하고 있는 아내를 뒤에서 꼭 안아주는 일입니다. 물론 서로 마주 보며 안아줄 수도 있지만, 뒤에서 안는 이른바 백허그(back hug)는 또 남다른 느낌이 있습니다. '내가 든든하게 당신의 뒤를 지켜주겠다'는 생각, '당신이 바라보는 곳을 나 또한 같은 방향에서 바라보겠다'는 생각, 그런 생각으로 뒤에서 살포시 안는 것입니다.

두 번째 '반드시 하려고 한 일'은, 아침에 일어나면 한 가지 이상, 저녁에 집에 들어가면 두 가지 이상 아내에게 칭찬하는 것입니다.

30여 년간 어머니께 문안 전화를 빼먹지 않은 것처럼 하루 세 번 이상의 칭찬을 거르지 않고 아내에게 해오고 있습니다. 그 덕분일까요? 아내는 결혼 이후 수십 년 동안 독감으로 몇 차례 병원을 가본 것을 제외하고는 심한 병치레 한 번 없는 건강함을 유지하고 있으며, 외모 역시 실제 나이를 얘기하면 많은 사람이 놀랄 정도로 동안을 간직해오고 있습니다.

반면 결혼 전에 '절대로 하지 않겠다'고 다짐한 이후 철저하게 지켜오고 있는 것이 있습니다. 바로 '자녀들 앞에서는 절대로 언성을 높이거나 다투지 않는 것'입니다. 사업을 해오며 난다 긴다 하는 부자들을 만나며 놀랐던 것은 그들 중에 의외로 자녀 교육에 성공하지 못한 이들이 꽤 많다는 점이었습니다. 자세한 내막은 모르지만 대충 짐작 가는 바가 있었는데, 그들 중 상당수가 본인의 강한 성격을 못 버리고 가정에서도 똑같이 하다 보니 부부간에 애정이 결핍되고 싸움이 잦아졌다는 점입니다. 부모가 싸우면 자녀들은 불안해집니다. 자녀, 특히 어린 자녀들은 마음이 편해야 자신의 삶에 대해서도 긍정적으로 바라보게 되고 심리적인 안정을 토대로 학업에도 집중하게 되는데, 그렇지 못하니 백날 값비싼 고액 과외를 붙여주고 해외 연수를 보내봐도 성적은 떨어지고 밖으로만 돌게 되는 것입니다. 그 때문에 저는 아이들이 태어나기 전부터도 '절대로 아이들 앞에서는 아내와 다투지 않겠다'고 다짐해왔던 것이었고, 그 약속을 수십 년째 지켜오고 있습니다.

너무 자주, 흔하게 듣다 보니 그 안에 담긴 깊은 뜻과 가치를 잘 인식하지 못하는 문구들이 종종 있습니다. 대한민국 '국민 가훈' 소리를 듣는 '가화만사성(家和萬事成)'이라는 문구와 사서삼경 중 하나인《대학(大學)》의 8조목이자 위정자들이 가장 많이 꼽는 격언 중 하나인 '수신제가치국평천하(修身齊家治國平天下)'라는 문구가 바로 그것입니다. 오래도록 사람들에게 소중한 글귀로 남겨진 것에는 당연히 나름의 이유가 있습니다. 실제로 화목한 가정이 모든 일의 근원이자 집안이 화목하면 세상만사가 잘 이뤄지니, 가정이 그만큼 중요하다는 것입니다.

　　그런데 한 가지 더 생각해봐야 할 것이 있습니다. 단순히 중요하기에 같은 문구가 반복적으로 언급되고 활용된 부분도 있지만, 그만큼 가정의 화목을 지키는 것이 반복해서 강조하고 또 강조해도 잘 실현되지 않는 어려운 일이라는 것의 반증이 아닐까요?

　　그 때문에 오늘도, 또 내일도 우리는 '감사'라는 따뜻한 무기를 들고 '가테크'에 나서야 하는 것입니다.

07

우리가 찾아야 할 미래의
점, 선 그리고 면

재미나면서도 슬픈, 요즘 말로 '웃픈' 이야기 하나 들려드릴까요? 제가 아는 어떤 사장님 이야기입니다.

1990년대 중반의 일입니다. 당시 한창 붐이었던 차세대 통신사업을 하고 싶던 사장님의 눈에 '기가 막힌 사업 아이템' 하나가 들어왔습니다. 1997년 7월, 당시 정보통신부는 온 국민이 부담 없이 이동통신을 할 수 있도록 한다는 명분으로 기존의 공중전화 부스에 기지국을 설치하고, 그 기지국을 활용한 발신전용 무선전화(Cordless Telephone-2) 서비스를 시작했습니다. 이른바 '씨티(CT)폰 사업'이었습니다. "사업자로 선정만 되면 황금알을 낳는 거위를 품에 안는 거다"라는 소문에 수많은 기업이 사업자 신청을 냈고, 그

중 11개 업체가 최종 선정되었습니다. 그 기업인의 업체는 그 11개 업체 중 한 곳이었습니다.

한 번 시작하기로 한 이상 그는 1등이 되고 싶었습니다. 업계 최고가 되고 싶었습니다. 그 때문에 사업을 시작하기 전 철저한 타당성 검사와 치밀한 벤치마킹을 한 것은 물론 최고의 대우를 약속하며 업계 최고의 인재들을 끌어모았습니다. 전파공학 박사 출신의 전문가를 고용해서 사업 전망과 수익 분석을 꼼꼼하게 했습니다. 먼저 사업을 전개한 선발 업체들에 대해서는 거의 스토킹 수준으로 벤치마킹을 해 그들의 장점은 그대로 배우고, 단점은 어떻게든 답습하지 않도록 조치했습니다. 이대로라면 목표로 한 업계 1위 자리도 어렵지 않을 것이라 생각했습니다.

그러나 불과 1년 반도 지나지 않았을 무렵… 세상이 바뀌었습니다. 분명 이 기업인의 업체는 좋은 품질의 서비스와 높은 가격 경쟁력으로 잘나가고 있었습니다. 업계 1위까지는 아니지만, 충분히 업계의 강자로 군림할 수는 있을 것 같았습니다. 그런데 1.8GHz 대역의 주파수를 사용하는 이동통신사업인 PCS(Personal Communication Service)가 본격적으로 시작되면서 이동통신 시장의 판도 자체가 바뀌었습니다. 사업자로 선정된 한국통신(현재의 KT), LG 텔레콤(현재의 LG유플러스), 한솔PCS(이후 KT에 합병) 등의 대기업들은 광고나 마케팅에 대해 쏟아붓는 물량의 단위 자체가 달랐습니다. 사람들의 기억 속에서 어느새 씨티폰은 사라져갔습니다.

아무리 통화 품질을 높이기 위해 애써봐야 씨티폰의 통화는 단말기가 설치된 공중전화 부스 근처에서만 가능했습니다. 거리를 걸어 다니면서, 건물 안 카페에서, 시골 논밭에서 자유롭게 통화할 수 있는 PCS와는 비교조차 할 수 없었습니다. 기존의 800MHz 주파수 대역을 쓰는 셀룰러(Cellular) 사업자인 한국이동통신(현재의 SK텔레콤)과 신세기이동통신(이후 SK텔레콤에 합병) 역시 PCS의 등장에 자극을 받아 서비스 향상과 마케팅 강화에 나서면서 1999년 초 씨티폰은 아예 산업 자체가 시장에서 퇴출될 운명에 처하게 되었습니다. 결국 그 기업인은 눈물을 머금으며 사업을 접고 말았습니다.

이 이야기에서 우리가 생각해봐야 할 점은 무엇일까요? 잠깐, 결과를 말하기 전에 먼저 비슷한 사례를 하나만 더 이야기해볼까요?

과거 우리나라에서 물을 마시는 방식은 단 두 가지였습니다. 수돗물이나 우물물을 그냥 마시든지, 아니면 그 물에 보리나 현미 같은 곡식의 껍질을 벗겨 살짝 볶은 것이나 결명자·구기자·오미자 같은 나무열매를 바짝 말린 것을 넣고 끓여 마시든지 둘 중 하나를 택해야만 했습니다.

1990년대 초, 앞서 이야기한 통신사업자와 연배는 비슷하지만, 다른 업종의 사업체를 운영하는 한 사업가가 있었습니다. 이 사업가는 젊은 시절 중국과 일본을 오가며 무역업을 했던 터라 양국의 문화, 특히 차(茶) 문화에 대한 소양이 깊었습니다. 그는 우리나라 사람들이 보리·현미·결명자·구기자처럼 주로 씨앗을 끓여서 음용하고 있으나, 조만간 중국이나 일본처럼 잎을 찌고 말려 만든 것을 우려내 먹는 시대가 도래할 것이라 믿고 저렴한 찻잎을 대량으로 취급하는 무역업체를 설립했습니다. 마침 1990년 한국과 중국(당시 중공)이 수교를 맺으며 무역에도 물꼬가 트이기 시작했고, 그의 사업은 순조롭게 성장할 것으로만 보였습니다. 그러나 그 역시 자신과 동년배였던 씨티폰 사업자처럼 쓰디쓴 고배를 들고야 말았습니다.

1994년 모 제약사가 제네바 호수 남쪽 해안에서 용출하는 광천수를 가공해서 만든 프랑스산 생수 에비앙을 수입해 판매하기 시작한 것이었습니다. 그 소식을 듣고도 사업가는 크게 신경 쓰지 않았습니다. 가격은 같은 용량의 콜라와 거의 같은 수준인데, 정작 따서 먹어보면 아무 맛도 안 나는 맹물을 돈 주고 사 먹을 바보는 없으리라는 것이 그의 생각이었습니다. 더군다나 우리에게는 대동강 물을 팔아먹은 〈봉이 김선달〉 이야기가 널리 알려져 있기에 땅에서 나는 물에 대해 권리를 주장하고 가격을 매긴다는 것이 얼마나 터무니없는 얘기인지 모두가 알 것이라 생각했습니다.

그러나 세상이 변했습니다. 사람들은 거리낌 없이 물을 사 먹었습니다. 심지어 제법 비싼 가격의 에비앙보다도 훨씬 더 비싼 미네랄 워터, 해양 심층수, 탄산수가 날개 돋친 듯 팔리기 시작했습니다. 집집마다 보리차를 끓여 식혀 냉장고에 넣어 마시기보다는 대형 생수를 배달해 먹거나 틈날 때마다 마트에 들러 생수를 박스째 사다가 마셨습니다. 식당에서도 기존의 엽차가 사라지고 정수기를 설치해 직접 필터링한 물을 제공하거나 조금 비싼 식당에서는 시판되는 생수를 사서 병째로 제공했습니다. 그 누구도 저렴하게 수입해 온, 그렇다고 다도에 쓰기에는 품질이 부족한 찻잎에 관심을 갖지 않았습니다. '저렴하고 맛과 향이 좋은 찻잎'으로 시장에서 한판 승부를 벌이려던 사업가는 결국 큰 손해를 입고야 말았습니다.

다시 원래의 이야기로 돌아가, 이 두 사업가의 사례가 우리에게 주는 교훈은 무엇일까요? 약간 야박하게 말하자면, 제아무리 발버둥 쳐봐야 바뀐 시대의 패러다임을 착안하지 못하면 결코 성공할 수 없다는 점입니다.

순간순간을 하나의 점으로 생각한다면 각각의 점은 미래의 어떠한 점과 분명히 연결돼 있습니다. 지금의 '이 순간'이 미래의 '어느 순간'과 분명하고 긴밀하게 연결돼 있다고 굳게 믿는다면 우리의 태도는 달라질 것입니다.

만일 씨티폰에 뛰어들었던 사업가가 기존의 시장이나 다른 경쟁자에게만 쏠렸던 자신의 시각을 조금 달리해 이동통신을 이용하는 고객의 입장에서 필요한, 지금 '당연한 것'을 더 좋게 하는 대신 미래에 '당연해질 것'을 찾아내는 데 힘썼다면 조금은 씨티폰이 아닌 다른 기술에 자신의 모든 것을 걸었을 겁니다. 만약 상시 음용수에 사용할 중국산 찻잎을 수입했던 업자가 조금만 그 시각을 현재가 아닌 미래에 두고, 미래에 '당연해질 것'을 발견하기 위해 힘썼다면 아마도 자신이 경쟁하게 될 상대가 수돗물이나 보리차가 아닌, 프랑스와 제주도에서 뽑아낸 생수라는 것을 예측할 수 있었을 겁니다.

그를 잘하고 못하는지는 단순히 업무를 좀 더 잘하거나 못하거나, 혹은 사업에서 성과를 조금 더 내거나 그렇지 못하거나 수준의 문제가 아닙니다. 요즘같이 뉴 노멀(new normal, 새로운 상식 혹은 새로운 기준)을 넘어 뉴 애브노멀(new abnormal, 신 혼돈 혹은 새로운 비정상)이 당연시되는 시대, 경쟁이 치열해지다 못해 '사회적 사상자'가 속출하는 시대에는 회사가 망하느냐, 그렇지 않느냐의 문제가 되고는 합니다.

필름 카메라 시절, 필름 시장의 최강자는 단연 코닥(Kodak) 사였습니다. 100년이 넘는 역사와 전통, 탄탄한 브랜드 가치, 탁월한 기술력과 그를 바탕으로 생산된 우수한 제품 등 세계 최고 필름 기업의 자리는 언제나 코닥의 차지였습니다. 동네마다 사진관에는 노란 바탕에 빨갛고 검은색 글씨로 'Kodak'이라 쓰인 간판이 함께 달려 있었으며, 탄산음료 하면 코카콜라(Coca Cola), 사륜구동 자동차는 모두 지프(Jeep), 트렌치코트는 어느 브랜드건 간에 버버리(Burberry) 코트로 불렸던 것처럼 '필름은 코닥'이었습니다.

물론 일본의 디지털카메라 업체가 급성장하면서 일본의 필름 제조사였던 후지(Fuji)필름과 코니카(Konica)필름 등이 도전을 해오기도 했지만, 코닥은 업계 최강자의 자리를 단 한순간도 양보하지 않고 세계인에게 '필름'이라는 단어를 대신하는 일반명사 취급을 받으며 승승장구해왔습니다.

그러나 2000년대부터 디지털카메라 시장이 급성장하고 필름 카메라를 찾는 이들이 급격히 줄어들면서 필름 시장은 얼어붙기 시작했습니다. 아무리 신제품을 출시하고 생산 효율 극대화를 통해 가격을 낮추기 위해 노력해도 필름 카메라 시장 자체가 위축되다 못해 일부 전문가나 마니아 층을 대상으로 한 시장을 제외하고는 아예 사라지다시피 하면서 코닥의 그러한 노력은 아무런 힘을 쓰지 못하게 되었습니다. 결국 2004년 이후 지속적으로 파산설의 주인공이 되어 뉴스에 오르내리다가 2012년 1월에 파산하고 말았습니다.

반면 코닥에 밀려 필름 시장의 만년 2인자로 인식되던 후지필름의 대응은 달랐습니다. 그들은 코닥과의 경쟁에 매달리는 대신 시대의 흐름과 시장 환경의 변화를 정확히 꿰뚫어 보려는 노력에 착수했습니다. '변화하지 않으면 죽는다'는 절체절명의 위기의식을 기반으로 이제까지 코닥과 경쟁하며 쌓아온 원천기술을 되짚어보았습니다. 그렇게 자신들이 보유한 강점과 부족한 부분을 냉철하게 객관적으로 살핀 후 그들이 발견한 '미래의 점'은 엉뚱하게도 첨단 소재와 바이오 제약 산업이었습니다.

필름은 얼핏 보기에는 단순해 보이지만, 100가지 화학물질을 이리저리 잘 다뤄서 만든 하나의 층을 20개 이상 오차 없이 겹쳐서 떨어지지 않도록 잘 붙여야 만들어지는 제품입니다. 후지필름은 그 기술을 활용해 현재의, 그리고 미래에 새롭게 창출될 고객이 간절히 갈구하는 '점'과 연결시켰습니다. 그렇게 태어난 그들의 새로운 사업 영역이 고성능 디스플레이 패널 필름 사업, 고기능성 화장품 사업, 합성 신약과 바이오 의약품 사업 등이었고, 후지필름이 해당 사업에 진출한 이후 일부 사업에서 곧 부동의 세계 1위 자리에 오를 수 있었습니다.

다들 '점'을 소홀하게 여깁니다. 자세히 보지 않으면 잘 보이지 않고, 보인다 하더라도 점 몇 개 가지고는 그것이 어떤 의미를 갖고 있으며, 어떻게 연결되어 시장에 어떤 영향을 발휘할 것인지를 예측하기가 어렵습니다. 그런데 그런 점들이 숫자가 많아지다가 서로 이어져서 어떠한 선을 이루면 그제야 몇몇 사람들은 선 너머의 세상은 어떤 것들이 있으며, 눈앞의 선이 과연 넘어가야 할 선인지, 그 선 안에서 머물며 이제껏 해오던 대로만 하면 될 것인지 고민하기 시작합니다. 그리고 그러한 선들이 많아지고 또 많아져서 면이 되고, 면들이 쌓이기 시작하면 그제야 "미래는 이미 여기에 와 있다. 아직 퍼지지 않았을 뿐이다"라는 말을 하거나 새로운 미래에 대한 두려움 혹은 다가올 미래를 이미 눈치챘었음에도 재빠르게 대처하지 못한 아쉬움을 토로하고는 합니다. 그렇게 되지 않으려면 하던 일을 잠시만 멈추고 시야를 조금 더 넓혀서 바라보아야 합니다. 우리의 시선을 이제까지 신경 쓰지 못했던 미래와 연결된 혹은 연결될 점들이 찍혀 있는 곳으로 조금만 달리 가져가 봅시다. 그러면 아마도 점들이, 연결된 선들이, 그리고 다가올 미래라는 거대한 파도의 면들이 보이기 시작할 것입니다. 그렇게 되면 위의 문장은 다시 써야 할 것입니다.

"미래는 이미 여기에 와 있다. 그리고 미래의 점을 찾는 이들에게만 퍼질 뿐이다."

함께, 도시락 하나 드실래요?

여러분은 혹시 놀이공원 같은 곳에서 솜사탕을 만들어 파는 모습을 본 적이 있으신가요?

간혹 길을 가다 솜사탕을 만들어 파는 노점을 마주치면 저는 그 만드는 모습을 정신없이 몰두해서 바라보고는 합니다. 솜사탕 기계의 중앙에는 설탕을 넣을 수 있는 용기가 있는데, 그곳은 가스불로 아주 뜨겁게 가열돼 있습니다. 그 때문에 설탕은 넣는 순간 액체 상태가 됩니다. 그런데 그 용기 자체가 전동 모터와 연결돼 있어 빠른 속도로 회전하고 있습니다. 그래서 액체 상태가 된 설탕은 원심력에 의해 용기의 바깥으로 쏠리게 되는데, 용기에는 미세한 구멍이 촘촘하게 뚫려 있습니다. 결국 액체 설탕은 그 구멍을 통해 뿜어져 실처럼 굳어지고, 그를 나무젓가락으로 솜씨 좋게 돌돌 말아내면 솜처럼, 구름처럼 몽실몽실한 설탕 과자를 얻게 되는 것입니다.

적당히 열을 가하고 적절한 노력만 쏟아부으면 설탕 한 숟가락이 달콤한 구름처럼 부풀어 오르는 모습이 제 눈에는 마치 꿈과 환상의 세계처럼 신기하게 보이기만 합니다. 그런데 이런 것이 비단 솜사탕 틀 안에서만이 아니라 우리가 사는 세상에서도 만나볼 수 있는 현상임을 이야기했던 사람이 있었습니다. 그것도 무려 지금으로부터 700년도 더 전에.

이탈리아의 문학가이자 정치가였으며 사상가이기도 했던 단테(Durante degli Alighieri)가 바로 그 주인공입니다. 어린 시절 우리는 교과서에서 단테에 대해 '볼로냐에서 청신체파(淸新體派)라는 시인 공동체를 결성해서 활동했다'고 배웠습니다. 그런데 여기서 말하는 이 '청신체'는 사실 이탈리아어 'Stil dolce novo'를 한자어로 번역한 것에 지나지 않습니다. 'stil'은 '문체(體)'를 의미하고, 'dolce'라는 단어는 '달콤함'을 의미하는데, 이를 한자어 '청(淸)'으로 번역했습니다. 'novo'는 '새로움(新)'을 의미합니다. 단테는 구이니첼리, 카발칸티 등의 시인들과 모임을 결성하며 '달콤하게 새로운 스타일로 세상을 써 내려가면 새로운 시대를 열 수도 있다'는 생각으로 이와 같은 이름을 붙인 것으로 알려져 있습니다.

우리는 흔히 "성공하기 위해서는 집요해야 한다", "승리하기 위해서는 독해야 한다"라는 말들을 많이 합니다. 실제로 어떤 순간에는 집요한 도전, 독한 승부가 필요합니다. 그러나 보다 긴 안목에서 일회성이 아닌 지속적인 성공을 거두기 위해서는 그런 것만으로는 부족합니다. 우리에게 진정 필요한 것은 바로 '달콤함'입니다. '스틸 돌체 노보(Stil dolce novo)'라는 공동체 활동을 통해 새로운 세상을 꿈꿨던 단테 역시 바로 그 '달콤함'에 주목한 것이었습니다.

설탕 한 숟가락을 갖고도 열과 성의를 다하면 마치 구름과도 같은 풍성한 달콤함을 맛볼 수 있는 솜사탕을 만들어낼 수 있는 것처럼 단테는 고통받는 고행이나 피 흘리는 혁명이 아니더라도 달콤함만으로도 충분히 이 세상을 변화시킬 수 있음을 믿었습니다. 달콤함을 예술로 승화시켜 만인에게 확산시킬 때 그 영향은 일파만파로 퍼져나갈 것이라고 생각했습니다.

그렇다면 단테가 생각한 궁극의 '달콤함'은 무엇이었을까요? 그것은 '사랑'이었습니다. 단테는 당시 피렌체의 명문가였던 폴코 포르티나리가의 딸이었던 베아트리체(Beatrice di Folco Portinari)를 보고 첫눈에 사랑에 빠졌는데, 비록 인연으로 이어지지는 않았지만 평생을 마음속에 품었던 베아트리체에 대한 사랑이라는 달콤함으로 능히 이탈리아를 포함한 세상을 변하게 만들 수 있었던 명작 〈신곡〉을 탄생시킬 수 있었던 것입니다.

그런데 제 생각 역시 그렇습니다. 앞으로의 우리 세상을 더 나은 세상으로 변화시키기 위해서는 새로운 상상들이 필요합니다. 그것도 그냥 새로운 것이 아닌, 단테가 꿈꿨던 것과 같이 자기 자신은 물론이거니와 다른 사람까지도 보듬을 수 있는 사랑이라는 달콤함이 담긴 상상들이. 앞으로 남은 제 삶을 그러한 달콤한 상상으로 세상을 변화시키는 데 기여하고 싶다는 생각을 얼마 전부터 하고 있습니다. 물론 이제까지도 개인적 차원에서 어려운 이웃을 보면 성심껏 돕기 위해 노력해왔습니다. 다양한 기관과 협력해서 한방병원 무료진료 활동이나 북녘의 동포를 돕기 위한 인도적 지원 활동, 한국에 와 있는 조선족 동포들을 돕고 위로하기 위한 다양한 행사에의 지원, 제3세계 극빈층을 돕기 위한 활동 등 말이죠. 그런데 이제 꿈꾸는 상상은 그보다 더 오랫동안, 어쩌면 제 삶의 마지막 순간까지 해나갈 달콤한 상상입니다. 근데 엄밀히 따져 말하자면, 제가 꿈꾸는 상상은 '달콤한'이라기보다는 '구수한' 상상입니다. 그 '구수한 상상'을 저는 매일 하고 있습니다.

요즘 들어 가끔 사람들이 묻고는 합니다.

"회장님, 앞으로의 계획이 어떻게 되십니까?"

아마도 현재의 사업적 성과를 기반으로 앞으로 어떤 분야에 투자를 하고, 어떤 영역에 추가적으로 사업을 진출시킬 것인지를 묻는 것일 겁니다. 그러나 제 대답은 늘 한결같습니다.

"예, 도시락집 사장이 되는 것이 계획입니다만…"

그러면 다들 제가 농담을 하는 줄 압니다. 그러나 진짜입니다. 앞으로 하는 사업이나 투자야 늘 하던 대로 진심을 다해 절대자가 보시기에 선하고 바라보기 좋은 모습으로 운영하겠지만, 궁극적으로 꼭 해보고 싶은 '달콤한 상상'은 도시락집을 여는 것입니다. 그런데 그냥 도시락집이 아닙니다. 노숙인들이나 일시적으로 경제적 어려움을 겪는 사람들 혹은 빠듯한 용돈으로 공부하느라 여러모로 맘고생이 많은 학생이나 각종 시험을 준비하는 수험생들이 맘 편하게 와서 한 끼 먹을 수 있는 그런 도시락집을 만들려고 합니다.

사실 어린 시절 저에게 '도시락'은 잊을 수 없는 추억이면서, 즐겁지만은 않은 기억입니다. 서울로 전학을 와서 초등학교 4학년을 다닐 무렵, 제 도시락 반찬은 늘 부실했죠. 그나마도 도시락을 싸갖고 다닐 수 있는 게 다행이라 생각되던 시기였기에 반찬 투정은 언감생심 꿈도 꿀 수 없었습니다. 가끔씩, 아주 정말 가끔씩 어머니가 큰맘 먹고 계란 하나에 밀가루를 듬뿍 섞어 계란부침도 아니고 부침개도 아닌, 반찬을 만들어 넣어주신 날에는 얼른 도시락을 먹을 생각에 오전 수업을 어떻게 들었는지도 모를 지경이었습니다.

그런 특별한 날을 제외하면 늘 제 반찬은 고추장 아니면 된장이었습니다. 그래도 좋은 반찬을 저와 나눠 먹겠다고 함께 도시락을 펼쳐준 고마운 친구들이 있었습니다. 그런데 김, 계란말이, 멸치볶음, 장조림 그리고 당시로서는 귀했던 소시지볶음 등 친구들이 싸온 도시락 반찬을 마주하면 '얼른 몇 개 집어 먹겠다'는 생각보다 집에 계신 어머니와 동생들이 생각났습니다. 결국 저는 몰래 노트를 한 장 찢어서는 친구들이 싸 온 맛있는 반찬들을 은근슬쩍 싸서는 집에 가져다 드리곤 했습니다. 어머니께서는 깜짝 놀라셨죠. 그러면 저는 친구들이 반찬을 너무 많이 싸 와서 배가 불러 남긴 것을 가져온 거라고 거짓말로 둘러댔습니다.

지금도 그때 습관이 그대로 남아서 가족이나 개인적인 친분이 있는 사람과 식사를 할 때는 물론이거니와 비즈니스상 접대를 하는 공식적인 식사 자리에서도 비싼 요리나 맛있어 보이는 반찬이 있으면 함께 자리한 사람들부터 다 먹이고 나서야 먹고는 합니다. 음식 남기는 것을 몹시 싫어하면서도 혹여 맛있는 음식을 모자라서 못 먹는 사람이 생길까 봐 될 수 있는 대로 푸짐하게 많은 양을 주문하는 버릇도 그때의 기억 때문인 듯합니다.

아무튼 주위에 "제 미래 계획은 도시락집을 여는 것입니다"라는 말을 들려주면 많은 이들이, "도시락집은 그냥 농담으로 해본 말이고, 어려운 사람에게 도시락을 기부하는 자선단체를 만들겠다는 것 아니냐?"라고 되묻고는 합니다.

그러나 그렇지 않습니다. 구체적으로 필요한 금액을 산출하고 그 비용을 저와 함께 투자도 하고, 심지어 시간이 날 때는 직접 팔 걷어붙이고 도시락 통에 밥과 반찬을 나눠 담을 동지들을 이미 모았습니다. 팍팍한 삶을 살다 보면 세상 참 각박하고 좋은 사람 만나기 어렵다는 생각이 들 수도 있지만, 꼭 그렇지만은 않습니다. 세상에는 생각보다 좋은 사람들이 많습니다. 앞으로 남은 생애 동안 자신이 갖고 있는 재산을 다른 사람들을 위해, 우리가 살아가는 이 사회를 위해 돕는 데 쓰고 싶다는 분들이 있습니다. 평상시 제가 때로는 친구로, 때로는 파트너로, 또 때로는 스승이자 어버이로 모시는 지인들이 바로 그런 사람들입니다. 그런 분들이 저와 뜻을 함께해주셨습니다.

그중 제가 어버이날 케이크와 선물을 보내면서 어버이처럼 섬기며 사랑하고 존경하는 7분의 SM포럼 지인들과 함께하기로 하였습니다. 평상시라면 한자리에 다 모이기도 힘들 만큼 공사다망한 분들이지만, '달콤한 상상을 함께 펼쳐 가보자'는 제 생각에 흔쾌히 뜻을 같이해주시기로 한 참 고마운 분들입니다. 이런 분들이 펼치시는 든든한 사회적 책무, 노블리스 오블리제가 앞으로 우리 사회를 더 따뜻하고 달콤하게 만들어주리라 확신합니다.

또 도시락의 적정한 가격까지 산출해놓았습니다. 현재로서는 3000원 정도를 받으려 합니다. 공짜로 준다고 하면 무료 급식이나 불우이웃 돕기라고 생각해서 섣불리 들어오지 못하거나 괜히 부끄러워할 수도 있을 것이라는 생각에 시중에서 파는 저렴한 가격의 국밥이나 백반의 딱 절반 가격인 3000원을 가격으로 책정했습니다. 대신 밥과 국은 무제한 리필이고, 돈이 없으면 '언제 갚을지 약속할 필요 없는 외상'이라는 핑계로 돈을 내지 않고 가도 되는 그런 식당입니다.

물론 저 혼자서도 도시락집 하나쯤은 충분히 낼 수 있습니다. 그러나 제가 바라보는 시선은 단순히 도시락집에 있는 것이 아닙니다. 그 도시락집을 찾아 배를 채울 수많은 어려운 이웃, 힘겨운 젊음들과 그 도시락을 통해 베풂과 감사의 기쁨을 느낄 수많은 사람, 그들을 조금이라도 더 많이 만들어내는 것이 제 '구수한 상상'의 목표이기에 저는 오늘도 열심히 밥집의 동업 멤버를 모으고 이리저리 오픈 준비를 하고 있습니다.

한 우화 속에서 사내의 옷을 벗긴 것은 구름이 불어댄 매서운 폭풍우가 아니라 태양이 선사한 따스한 햇볕과 훈풍이었던 것처럼 세상을 좀 더 좋은 곳으로 바꾸는 것은 우리 마음속의 따스한 사랑과 감사의 마음일 것임을 믿습니다. 다만 설탕 한 그릇을 세상에 제공하는 것보다 제 상상의 틀 속에서 부풀려 솜사탕과 같은 모습으로 세상에 선사하면 보다 많은 사람에게 보다 새로운 기쁨을 줄 수 있을 것이라는 생각에 저는 오늘도 달콤하고 구수한 상상을 멈추지 않고 있습니다.

이제, 이 책의 마지막 페이지를 장식하려 합니다.

어린 시절 저는 시간이 날 때마다 '세계문학전집'과 '한국문학전집'을 손에서 놓지 않은 채 읽고 또 읽었습니다. 그때 읽었던 〈큰 바위 얼굴〉, 〈규중칠우쟁론기〉, 〈의좋은 형제〉 등은 이후 읽었던 어느 철학서나 경제경영서 못지않게 저에게 커다란 감동과 세상을 보는 지혜를 가져다주었습니다. 그러나 그중에서도 제 인생에 가장 큰 영향을 미친 이야기 중 하나는 너무나 흔하디 흔한 옛이야기인 〈흥부와 놀부〉입니다.

다 아시다시피, 이야기 속 흥부는 끊임없이 남을 도와주기 위해 노력하는 인물입니다. 그의 도움을 받은 제비 역시 자신을 도운 흥부에게 금은보화 등의 자산과 소와 하인 등 '필요한 지원'을 아끼지 않고 제공해 그의 성공을 돕는 존재입니다. 수도 없이 여러 번 그 이야기를 읽을 때마다 저는 세상 이들을 돕기 위해 나서는 흥부가 되고 싶다는 생각에 잠기곤 합니다. 또 흥부와 세상의 가치 있는 것들을 연결시켜 모두에게 행복한 성공을 가져다주는 제비가 되고 싶다는 생각도 합니다. 그를 통해 제 스스로 이 세상에 선한 존재로 남는 것은 물론이거니와 세상의 수많은 선한 존재들이 빛을 발할 수 있도록 돕는 이로 살아가고 싶었습니다.

말하자면, 동화 속 제비는 제 주변의 수많은 '사람'들이었습니다. 저는 최선을 다해 그 사람들의 '다친 다리'를 찾아 고치도록 도왔습니다. 사람과 사람을 연결 지어 그들이 모두 양 날개로 훨훨 날아오르도록 도왔습니다.

이 책을 읽은 모든 분들께 제가 〈흥부와 놀부〉 속 제비가 되어드렸기를 기대합니다. '사람'을 바라보는 눈, 가슴, 머리에 대해 자그마한 지혜와 감동을 전달 드렸기를 소망해봅니다. 이 책이 미력하나마 흥부가 탄 박 속의 작은 보화 중 하나가 되었으면 합니다.

사랑합니다, 감사합니다.

이제, 책을 마무리할 순간이 되었군요. 한 권의 책을 집필하면서 참 많은 생각을 하게 되었습니다. 이제까지 살아온 길, 또 살아갈 길을 이야기하면서 혹시라도 아무것도 아닌 걸 자랑이랍시고 써 내려간 것은 아닌지, 이야기를 재미있게 들려드린다고 한 것이 본의 아니게 조금 과장되게 말하거나 허투루 쓴 것은 없는지 걱정도 되었습니다.

　다 쓴 원고를 거듭 살펴보니 부끄러운 부분이 여기저기 눈에 띄지만, 그 또한 제가 살아온 삶 그대로의 이야기이므로 그 모습 그대로 들려드리기로 했습니다. 더군다나 이 책은 제 자식들은 물론, 앞으로 태어날 손주가 커서 읽게 될 책이기에 가장 솔직하게 썼습니다. 그러다 보니 제 삶에 있어 잘한 것만큼이나 부족한 것, 부끄러운 것들에 대한 이야기 역시 가감 없이 담게 되었습니다. 독자 여러분의 너그러운 이해 부탁드립니다.

쇼파에 앉아 제 글과 제 삶을 돌이켜보니, 때로는 어렵고, 또 때로는 힘겨웠지만, '참 축복받은 삶이었구나'라는 생각이 듭니다. 결혼식을 마치고 신혼여행을 갈 때 비행기 안에서 아내가 저에게 여행 경비가 얼마나 있냐고 물었습니다. 저는 '20원'이라고 답했습니다. 수십 년 전의 화폐 가치로 따지면 지금보다야 조금 큰돈이겠지만, 그래봐야 음료수 하나 제대로 사 먹기 힘든 푼돈이었습니다. 그런데 농담으로 한 얘기가 아니었습니다. 당시 은행 통장이라고는 만들어본 기억이 없었고, 수중에 돈이 생기는 족족 어머니께 생활비로 드린 통에 모아놓은 비상금 역시 없었습니다. 언젠가 쓰고 남아 주머니에 들어 있던 잔돈 20원이 당시 제 재산의 전부였습니다. 그랬던 제가 지금의 자리에까지 올 수 있었던 것은 역시, '사람' 덕분이었습니다.

제가 인생을 살아가면서 얻은 중요한 철칙 중 하나는 '100명한테 최선을 다해 잘해줘야 그중에서 1명이 나한테 큰 도움을 준다'는 것입니다. 이런 인생관의 결과일는지 모르겠지만 지금 제 옆에는 좋은 사람, 고마운 사람들이 적지 않게 남아 있습니다. 정말이지 감사한 일입니다.

〈창세기〉26장을 보면 이런 구절이 나옵니다.

"이삭이 그 땅에서 농사하여 그해에 백배나 얻었고 여호와께서 복을 주시므로, 그 사람이 창대하고 왕성하여 마침내 거부가 되어…"

선한 인간에게 주어진 하늘의 복. 아직까지 제가 선함을 이루었다고 자신하지는 못하지만, 주위 사람에 대한 감사와 배려를 통해 선함을 이루고자 했던 제 노력은 이미 백배, 아니 수천 배의 축복을 받은 듯합니다.

그동안 인생을 살아오며 참으로 도움을 주신 분들이 많습니다. 또 이 책을 마무리할 때까지 도움을 주신 분들이 참 많은데, 일일이 다 이곳에 적지는 못하지만, 그래도 몇 분께는 꼭 감사의 인사를 드리고 싶습니다. 제 인생에서 중요한 멘토 역할을 해주신 이상철 전 정보통신부 장관님, 30대 초반 신참내기 경영자 시절부터 많은 관심을 쏟아주시고 지금도 유익한 조언을 아끼지 않으시는 경향신문 김석종 사장님, 늘 부족한 저의 편에 서서 든든한 버팀목이 되어주시는 영원한 '내 편' 정진수 변호사님, 류제만 변호사님, 제게 항상 큰 힘이 되어주시고 아픔 속에서도 변함없이 가족을 아끼는 모습을 보여주시며 여러모로 배울 점을 선사해주는 최용석 변호사님, 끝까지 저를 챙겨주었던 남복현 변호사님, 언제나 저를 사랑으로 감싸주시는 삼일회계 고승천 고문님, 서동규 대표님, 제약

기업을 경영하는 저에게 풍부한 의학 지식을 전해주시는 스승이자 함께 건강을 돌보는 동반자로서 늘 많은 도움을 주시는 가톨릭 의대 전신수 박사님, 저희 아버지 장례식 때 전 직원을 데리고 문상 와 주신 제 의형제 가야내과병원 구성회 원장님, 감사합니다.

또 '나는 과연 이분만큼 누군가를 믿고 지지할 수 있을까?'라는 생각이 들 정도로 저를 믿고 늘 기다려주셨던 김수경 회장님, 항상 저를 지지하고 신뢰해주시는 임성재 회장님, 저희 회사의 든든한 버팀목으로 멋지게 회사를 이끌어가 주시는 류남현 부회장, 이근형·박희덕·김혜연 대표와 이윤주 부사장을 비롯한 전 임직원들, 엑세스바이오를 현재와 같은 모습으로 훌륭하게 키워오셨고 앞으로도 더 멋지게 키워가실 최영호 회장님, 지금까지 그래왔듯 앞으로 평생 함께 산을 오르며 건강한 삶을 함께해나갈 엉성산악회의 운명 공동체 여러분, 늘 제게 많은 가르침을 주셔서 지식의 풍랑 속에서 길을 잃지 않고 지혜의 바다로 나아가게끔 도와주시는 서울대학교 이철범 교수님, 한양대학교 이성철 교수님, 단국대학교 오재인 교수님께도 감사의 마음을 전합니다. 그리고 책이 완성되기까지 교정을 함께하며 많은 도움을 준 친구인 장석영 회장과 정진택 대표, 공수창 감독에게도 특별히 감사드립니다.

이외에도 제 마음을 전하고 싶은 분이 한없이 많으나, 허용된 지면이 넉넉하지 못해 다 감사의 뜻을 전해드리지 못하여 안타까울

따름입니다. 고마운 사람들이 밤하늘의 은하수처럼 많지만 미처 말씀드리지 못한 분들은 이후로라도 꼭 직접 감사의 뜻을 전하도록 하겠습니다.

끝으로, 가슴 깊이 사랑하는 어머니와 죽을 때까지 함께할 아내, 그리고 두 아들 대희·근희와 며느리 소연이, 이 책이 출간된 날 함께 태어난 손주 반석이(태명)에게 이 책을 바칩니다. 감사합니다.

참고자료

Prologue. 5000장의 명함, 5명의 사람

Chapter 1. 가진 것 하나 없던 가난의 기억 속에도, 사람만 남았다

01 끝내 먹지 못한 삼계탕 한 그릇
- 권순일 외, (2020). 《임상 분자진단검사》, 서울: 정문각.

02 모욕과 비난을 기꺼이 받아들여야 하는 때도 있습니다
- 시라카와 시즈카(고인덕 옮김), (2008). 《한자의 세계》, 서울: 솔.
- 은미희, (2006). 《만두 빚는 여자》, 서울: 이룸.

03 소풍날 100% 성공하는 보물찾기 비법
- 박승억, (2020). 《이솝 우화로 읽는 철학 이야기》, 서울: 이케이북.

04 누구에게나 주어지는 똑같은 시간, 그러나 나에게는 다른 시간
- 오창근, (2003). 《웹스터 영영한사전(대)》, 서울: 명문당.
- Einstein, Albert , Calaprice, Alice , Dyson, Freeman, (2010). *The Ultimate Quotable Einstein*, New Jersey : Princeton University Press.

05 피가 가득한 세숫대야를 보며 스스로 했던 질문
- 운정 김종필 기념사업회, (2015). 《김종필 증언록 세트》, 서울: 와이즈베리.
- 허용범, (1999). "추적 아무도 쓰지 않았던 金鍾泌과 일곱 형제들 이야기", 《월간조선》, 7월호.
- Maxwell, John C., (2009). *How Successful People Think*, New York : Center Street.
- http:// http://www.grandculture.net/ (2020. 3 방문).
- http://www.innekorean.or/ (2020. 3 방문).

06 '최악의 상황'은 나에게만 벌어지는 일이 아닙니다
- Notting Hill, (1999). *Roger Michell*, Universal Studios Inc.

Chapter 2. 되는 일 하나 없다는 생각이 들 때에도, 사람만 남았다

01 진창에서도 피어나는 꽃
- 도종환, (2012). 《흔들리며 피는 꽃》, 서울: 문학동네.
- 현대경제연구원, (2011). 《정주영 경영을 말하다》, 서울: 현대경제연구원.
- 現代그룹文化室, (1997). 《現代建設 50年史》, 서울: 현대그룹.
- The New York Times, (2003). "President Bush's Africa Trip", July 7.

02 터미널에서 인쇄한 청첩장
- 구경서, (2017). 《영어 잡학 사전-단어, 어원, 일상, 문화 편》, 서울: 길벗이지톡.
- 岩波書店, (2006). 《西部開拓史》, 東京: 岩波書店.
- 필리프 자캥(이세진 옮김), (2005). 《서부개척시대 아메리카인의 일상》, 서울: 북폴리오.

03 세상에서 가장 하얀 얼굴의 새신랑
- 조선탁(송강호 옮김), (2011). 《중국어 한자의 어원》, 서울: 지식과교양.

04 세상 모든 곳의 세일
- 김현철, (2009). 《CEO 영업에 길을 묻다》, 서울: 한국경제신문사.
- 石井淳藏, 嶋口充輝, (1995). 《營業の本質-傳統と革新の相克》, 東京: 有斐閣.

05 해병대산에 오른 말더듬이
- 나관중(황석영 옮김), (2019). 《삼국지》, 서울: 창비.
- 신인철, (2009). 《굿바이 핑계》, 서울: 21세기북스.
- 장 크레티앙(조성관 옮김), (1996). 《위대한 캐나다를 꿈꾸며》, 서울: 풀빛.

Chapter 3. 어쩐지 잘나간다 싶다가 대차게 넘어진 날에도, 사람만 남았다

01 한 가지에의 지극함, 만 가지에의 다다름
- 김용옥, (2011). 《중용 한글역주》, 서울: 통나무.
- 남회근(신원봉 옮김), (2011). 《주역계사 강의》, 서울: 부키.
- 성백효, (2010). 《대학 중용 집주》, 서울: 전통문화연구회.

02 호랑이를 잡으려면 어디로 가야 할까
- 사마광(오수현 옮김), (2019). 《자치통감》, 서울: 추수밭.
- 이나미 리쓰코(이동철·박은희 옮김), (2018). 《고사성어를 알면 중국사가 보인다》, 서울: 에이케이.

03 나를 잊을 지경에 다다르면 벌어지는 우리 안의 놀라운 기적
- 레프 니콜라예비치 톨스토이(연진희 옮김), (2012). 《안나 카레니나》, 서울: 민음사.
- 미하이 칙센트미하이(최인수 옮김), (2005). 《몰입 FLOW》, 서울: 한울림.

04 실패는 늘 성공보다 반걸음 빨리 우리에게 옵니다

- 김언종, (2011). 《한자의 뿌리》, 서울: 문학동네.
- 아츠지 데츠지(김언종 옮김), (1999). 《한자의 역사》, 서울: 학민사.
- 韓國産業情報院, (2007). 《韓國情報通信技術年鑑》, 서울: 韓國産業情報院.

05 우울함이 밀려올 땐 일단 산으로 달려가세요

- 엘리스 보이스(정연우 옮김), (2017). 《불안을 다스리는 도구상자》, 서울: 한문화.
- 이강준, (2015). 《우울증과 자살》, 서울: 좋은땅.

Chapter 4. 인생의 성공을 향해 달려가는 그 순간에도, 사람만 남았다

01 점점, 사람과 사람

- 渡邊義浩, (2011). 《三國志 演義から正史,そして史實へ》, 東京: 中央公論新社.

02 답은 '그 사람'에게 있습니다

- 동학학회, (2004). 《동학과 전통사상》, 서울: 모시는사람들.
- 문재인, (2012). 《사람이 먼저다》, 서울: 퍼플카우.
- 운주사 편집부, (2016). 《우리말 법화경 사경 세트》, 서울: 운주사
- NIV 한영해설 성경 편찬위원회, (2017). 《NIV 한영해설 성경》, 서울: 아카페출판사.

03 사공이 많으면 배도 산으로 올릴 수 있다

- 신병주, (2007). 《규장각에서 찾은 조선의 명품들》, 서울: 책과함께

04 '감사합니다'라는 말에 담긴 힘

- 민진홍, (2016). 《땡큐파워》, 서울 : 라온북.
- 오프라 윈프리(노혜숙 옮김), (2019). 《위즈덤》, 다산책방.
- Michael Swan, (2019). 《Oxford Practical English Usage》, 서울: YBM.

05 모두가 알지만 누구도 제대로 알지 못한 '승리의 비법'

- 소프트뱅크 신30년 비전 제작위원회(정문주 옮김), (2011). 《손정의 미래를 말하다》, 서울: 소프트뱅크커머스코리아.
- 손무(이언호 옮김), (2014). 《손자병법》, 서울: 학술편수관.
- 스기모토 다카시(유윤한 옮김), (2018). 《손정의 300년 왕국의 야망》, 서울: 서울문화사
- 스티브 앤더슨(한정훈 옮김), (2019). 《베조스 레터》, 서울: 리더스북.
- Stone, Brad. (2014). *The Everything Store*, New York: Little Brown & Co Inc.

06 스커드, 불확실한 미래를 대비하는 자세

- 매일경제 세계지식포럼 사무국, (2019). 《지식혁명 5.0-인류 번영을 위한 통찰력》,

　　서울: 매일경제신문사.

- 유동식, (1992). 《정동제일교회의 역사》, 서울: 기독교대한감리회 정동제일교회.

Chapter 5. 달콤한 인생, 아름다운 미래에도, 사람만 남는다

01 스펙보다 중요한 스토리
- 김정태, (2010). 《스토리가 스펙을 이긴다》, 서울: 갤리온.
- 데일 카네기(임상훈 옮김), (2019). 《데일 카네기 인간관계론》, 서울: 현대지성.

02 공부한다, 고로 나는 존재한다
- 김정빈, (2007). 《부처님 생애》, 서울: 솔바람.
- 르네 데카르트(소두영 옮김), (2016). 《방법서설 성찰 철학의 원리》, 서울: 동서문화사.

03 착하게 장사해서 돈을 벌겠다고요?
- 이영헌, (2016). 《로마서 강해-하나님의 의로움에 이르는 길》, 서울: 바오로딸.

04 '삼성(三姓)'만이 살아남는 까닭
- 권혁남, (2014). 《미디어 정치 캠페인》, 서울: 커뮤니케이션북스.

05 사람을 이끌 수 있는 만병통치약
- 이호준, (2020). "이호준의 시간여행: 떠돌이 약장수가 있던 풍경", 《서울신문》, 2020년 3월 25일자.

06 가장 가까운 이에 대한 감사, 가장 가까운 이로부터의 기적
- 신인철, (2012). 《가족과 1시간》, 서울: 한스미디어.
- 이기동, (2014). 《대학 중용 강설》, 서울: 성균관대학교 출판부.

07 우리가 찾아야 할 미래의 점, 선 그리고 면
- 송종현, (2015). 《모바일 미디어와 일상》, 서울: 커뮤니케이션북스.
- 이민화, (2006). 《한국벤처산업발전사》, 서울: 아르케.
- 이우창, (2015). 《일상의 경영학-한 끗 차이를 만드는 일상의 놀라운 발견》, 서울: 비즈페이퍼.
- 최용석, (2017). 《강소기업은 어떻게 만들어지나》, 서울: 아라크네.

Epilogue. 함께, 도시락 하나 드실래요?

- 야코프 부르크하르트(이기숙 옮김), (2003). 《이탈리아 르네상스의 문화》, 서울: 한길사.
- 조반니 보카치오(허성심 옮김), (2017). 《단테의 인생》, 서울: 인간희극.

사람만 남았다

1판 1쇄 발행 | 2020년 8월 23일
1판 7쇄 발행 | 2020년 9월 14일

지은이 한의상
펴낸이 김기옥

경제경영팀장 모민원 기획 편집 변호이, 김광현
커뮤니케이션 플래너 박진모
경영지원 고광현, 임민진
제작 김형식

디자인 제이알컴
인쇄 · 제본 민언프린텍

펴낸곳 한스미디어(한즈미디어(주))
주소 121-839 서울특별시 마포구 양화로 11길 13(서교동, 강원빌딩 5층)
전화 02-707-0337 | 팩스 02-707-0198 | 홈페이지 www.hansmedia.com
출판신고번호 제 313-2003-227호 | 신고일자 2003년 6월 25일

ISBN 979-11-6007-522-9   03320

이 책은 저작권법에 따라 보호받는 저작물이므로 무단 전재와 무단 복제를 금합니다.
잘못 만들어진 책은 구입하신 서점에서 교환해 드립니다.